MÉMOIRES
D'UN FILS À PAPA

MARCEL OPHULS

MÉMOIRES D'UN FILS À PAPA

calmann-lévy

COUVERTURE :
Conception graphique : Nicolas Trautmann
Photographie : © Philippe Boulze

ISBN : 978-2-7021-4273-8

À Régine

« Malheureusement, je n'ai plus de mémoire. »

Marcel OPHULS

AVANT-PROPOS

Un jour d'été, mon ami Stéphane Bou[1], prévu à cette époque pour devenir mon *ghostwriter*, et moi étions attablés à la terrasse de l'hôtel Lutetia. Pourquoi ce palace-là plutôt qu'un autre à Paris ? Je ne m'en souviens déjà plus, sauf que, bien évidemment, le Lutetia fait partie de l'histoire de France. À tout hasard, je lui dressai la liste de ce qu'il ne faudrait pas faire :

– Pas de magazines people, pas d'efforts pour me faire valoir, surtout pas de nombrilisme, pas de fausse nostalgie non plus, pas de ceci et pas de cela…

– Pas de règlements de comptes, Marcel ?

– Ah si, des règlements de comptes il y en aura beaucoup. Je ne suis pas un homme gentil, ni un gentilhomme. J'espère tout au plus être tolérant. On n'a pas besoin d'aimer les gens, me semble-t-il, pour s'intéresser à eux.

Je fus l'un des derniers amis de François Truffaut à être reçu par lui rue du Conseiller-Collignon. Il était bourré de cortisone et en pyjama et il n'avait plus que quelques semaines à vivre. Au bout d'une heure de conversation,

1. Nous avons fait ensemble pendant l'été 2012 une série documentaire diffusée sur France Inter intitulée *Marcel Ophuls, sa vie, son œuvre, son siècle*.

gaie, drôle, et pour moi profondément émouvante, il nous a raccompagnés, ma femme et moi, jusqu'à la porte de son appartement.

En me serrant une dernière fois la main, François a dit : « Marcel, promettez-moi d'écrire vos Mémoires[1]. »

1. Madeleine Morgenstern-Truffaut et moi pensons qu'il n'avait pas eu le temps d'écrire les siennes.

1
UN TROU DANS LA TÊTE

« Plus de lumière ! »
GOETHE

« Où sont mes lunettes ? »
Anonyme

Je veux écrire des Mémoires alors même que je souffre de ne plus avoir la même mémoire qu'autrefois. Autrefois, dans les salles de montage, on me surnommait « M. Memory » comme le personnage des *39 Marches* d'Alfred Hitchcock[1]. Une fois, au cours d'un reportage de trois ou quatre jours à New York pour la feue – et pas du tout regrettée – ORTF, la monteuse, Gilberte Hirsch, une femme charmante qui était juive et communiste, m'avait lancé un « bobinot » 16 mm en pleine poire parce que, parmi des dizaines de plans de nuit, je m'en souvenais d'un en particulier, de quinze secondes, tout à la fin de ce rouleau qu'elle pensait ne

1. Ah ! Ce dernier plan des *39 Marches* d'Hitchcock, fabuleux, quand Mr Memory meurt et que les danseuses du music-hall de Londres où il se produisait lèvent la jambe en arrière-plan. « *Did I get that right, Sir ?* » demande Mr Memory. Et Robert Donat de lui répondre : « *Yes, you did. Thank you very much, sir.* » Et Mr Memory meurt.

pas avoir le temps de dérouler[1]. Alors, comment ai-je perdu la mémoire ?

Hôtel Terminus[2], mon film sur la carrière épouvantable de Klaus Barbie, n'était pas encore financé et le jeune producteur américain John S. Friedman, qui n'avait encore jamais produit quoi que ce soit, courait à droite et à gauche aux États-Unis pour trouver des mécènes, surtout de vieilles dames juives très riches en manteau de vison. Je ne sais pas où il crèche en ce moment. Une fois tous les trois ans, on se téléphone.

John Friedman et moi avions décidé alors – c'était en 1986 –, et en ce qui me concerne tout à fait à contrecœur, de nous lancer sur les traces du « Boucher de Lyon » qui croupissait déjà depuis plusieurs mois dans sa cellule à la prison Saint-Joseph en face de la gare de Perrache et de l'hôtel Terminus où il avait séjourné pendant l'Occupation.

La vie et la carrière de Barbie nous avaient conduits à La Paz, capitale de la Bolivie, à 4 000 mètres d'altitude. On est en droit d'estimer que ma belle suite royale dans le meilleur hôtel de la ville était truffée de micros puisqu'il appartenait au *señor* Hugo Banzer, d'origine allemande, qui venait de perdre les premières élections libres dans son pays face à un opposant socialiste d'origine inca, et qui était en Amérique latine l'un des nombreux dictateurs ayant protégé, avec l'aide de la CIA, les plus notoires criminels nazis, tels Adolf Eichmann et le sinistre Dr Josef Mengele, sans doute afin d'utiliser leurs compétences en matière de torture et d'avilissement généralisé. Un soir que nous avions filmé la maison de Barbie à Santa Cruz, ronde et plutôt moche,

1. C'était pour le magazine *Zoom* qui passait chaque semaine, le mardi, sur la deuxième chaîne, et pour lequel nous n'avions jamais assez le temps de répertorier la pelloche.

2. Film pour lequel j'ai reçu l'Oscar en 1988.

nous sommes rentrés par avion à la capitale en remontant la cordillère des Andes. Le matériel caméra avait déjà été enregistré à l'aéroport au-dessus des têtes et des bardas des pauvres indigènes attendant leur tour avec toute la résignation et la patience des peuples opprimés. À la table voisine, un homme bronzé plutôt jeune d'aspect, en tenue de ski, bavardait avec quelques amis et s'est retourné soudain vers nous en nous adressant un signe amical qui me semblait quelque peu narquois. L'homme qui était notre guide, Peter McFarren, correspondant du *New York Times* en Bolivie, au Pérou et je ne sais plus où encore, blond et à moitié bolivien, me confia alors à l'oreille : « C'est lui, Marcel. C'est Banzer. » Peut-être serait-il utile de préciser que Bolivian Airlines appartenait aussi à ce sympathique dictateur.

Pendant ces dix jours de tournage, Peter m'avait permis de rencontrer et de filmer pas mal d'autochtones qui avaient diverses raisons de ne pas apprécier particulièrement la personnalité de Klaus Barbie, alias Klaus Altman, et notamment une journaliste inca qu'il avait quelque peu triturée quand il était encore l'éminence grise de ce qu'on nommait, non sans raison, la gestapo bolivienne.

Dès la fin du tournage, Friedman et l'équipe américaine avaient pris un avion de la Pan Am pour rentrer à New York. J'aurais très bien pu rentrer avec eux bien sûr, mais je voulais à tout prix voir Rio de Janeiro.

Oh, Rio ! Flying down to Rio in a flying machine[1]...

Ce n'était pourtant pas la saison du carnaval le plus sexy du monde, et le plus antiraciste, et donc le seul qui vaille la peine d'être vu. Au Brésil, c'était l'hiver austral, mais j'avais

1. *Flying down to Rio*, titré *Carioca* en français, film de 1933 avec Fred Astaire et Ginger Rogers, dans lequel des chorus-girls dansent sur les ailes de l'avion. Les chorégraphies sont de Buzz Berkeley.

très envie de voir la montagne de sucre et les plages les plus belles du monde, et tout cela à l'œil, bien entendu, puisque c'était la production qui payait.

Pour me rendre à Rio depuis La Paz, toujours sur Bolivian Airlines, j'ai fait une escale à Santa Cruz. Dans la cabine, presque vide, je portais juste une serviette de cuir avec moi, laquelle contenait toutes les coordonnées de ceux et celles qui nous avaient aidés pendant notre tournage, que ce soit devant ou derrière la caméra. Au moment de débarquer pour aller me rafraîchir au restaurant de l'aéroport, car il faisait très chaud, l'hôtesse me dit fort gentiment : « Vous pouvez laisser votre serviette ici, monsieur. Nous décollerons avec la même machine dans exactement trente-cinq minutes. » Quand j'ai voulu reprendre ma place dans l'appareil, ce n'était plus le même avion, ni la même hôtesse, et la serviette avait disparu. Cette fois, j'étais le seul et unique passager. Nous avons décollé et le nouveau pilote a survolé toute l'Amazonie en rase-mottes. Au bout de deux ou trois heures, en pleine jungle, il a fait soudain un atterrissage en piqué. Cette autre escale n'était pas du tout prévue au programme. Quatre messieurs à la mine pas très catholique, portant des lunettes noires, dans le style de celles que portaient les pilotes américains pendant la Seconde Guerre mondiale, sont montés à bord pour y déposer de lourdes malles en métal. Après quoi, mon appareil a repris tranquillement son vol.

Deux heures plus tard, Rio m'est apparu par le hublot, et le pilote et moi avons amorcé notre descente. Puis ce fut la douane brésilienne. Je n'ai absolument rien contre les douaniers, j'en ai connu beaucoup dans ma vie, mais ceux-là ne semblaient pas très sympathiques. Ils ont fouillé systématiquement mes deux valises. Encore heureux qu'ils ne m'aient pas fichu à poil.

Arrivé à l'hôtel Méridien, avec vue sur la plage de Copacabana, j'ai tout de suite passé deux coups de fil : d'abord au consul américain parce que c'était le plus puissant, puis au consul français. Aux deux, j'ai raconté ce qui venait de m'arriver et ils ont promis de mettre en route les recherches nécessaires. Malheureusement, je n'ai jamais retrouvé cette fichue serviette. Ce sont les risques de mon métier, mais ça ne devrait pas se répercuter sur les gens dont les noms se trouvaient dans cette serviette, et qui m'avaient fait confiance !

Le lendemain matin, bien que ce fût l'hiver, j'ai quand même voulu me baigner et plonger un peu sous les vagues. À la réception, on m'a prévenu : « Monsieur, ne mettez surtout que votre maillot et le peignoir fourni par nos soins, sinon vous risquez de vous faire agresser. Cette ville est l'une des plus violentes du monde. » Je fais donc comme toujours dans ces cas-là, exactement ce qu'on me dit de faire. Je vais sur la plage, qui était complètement déserte en plein hiver austral, un Agatha Christie sous le bras. Je m'allonge sur le sable en pensant un tout petit peu à mon film, mais beaucoup plus au carnaval et aux favelas. Je plonge une ou deux fois sous les vagues, et puis…

Et puis plus rien !

Trois quarts d'heure plus tard, je me réveille sur une borne kilométrique juste devant le Méridien. Je vois un petit gosse qui pointe son doigt vers mon œil au beurre noir et qui me dit doucement : « *Doutor, doutor.* » Derrière lui passait le marathon de Rio sous des applaudissements chaleureux et filmé par des caméras de télévision. Il y avait beaucoup de bruit. Je caresse un instant la tête du petit gosse basané, car je ne parle pas le portugais, et puis je rentre tranquillement à l'hôtel, toujours un peu sonné.

Est-ce que j'ai été agressé par des barbouzes ? C'est l'opinion de la majorité, c'est l'opinion de John Friedman, c'est l'opinion de Mike Davis, mon opérateur, c'est sans doute aussi celle de Régine et je pense que c'est un peu la mienne, mais sur la plage de Rio j'ai aussi plongé sous de très grandes vagues, pour m'amuser. Ma tête a peut-être percuté une pierre. Mais pourquoi alors est-ce que je ne me suis pas noyé ? Et pourquoi donc ni mon maillot ni mon peignoir n'étaient-ils mouillés ? Au secours, Hercule Poirot !

À la réception de mon hôtel, je demande une infirmière. « Ah non, monsieur Ophuls, il vaut quand même mieux vous faire monter notre médecin. »

En fait, le toubib était une toubibesse. Le docteur Monica Wolf, une jeune femme charmante, m'a proposé tout de suite d'appeler une ambulance pour passer un scanner au plus grand hôpital de la ville. J'ai décliné, car j'avais lu le matin même que le premier président du Brésil démocratiquement élu venait de subir seize interventions chirurgicales pour une banale appendicite, et qu'il était resté sur le billard. À la place, j'ai préféré inviter à déjeuner Monica, qui m'a servi de guide pour une bonne partie de l'après-midi.

Le lundi matin, j'ai pris un avion d'Air France pour rentrer tranquillement à Paris et quelques jours après mon départ, les séquelles de mon accident allaient se faire ressentir.

Je n'ai revu Rio qu'une dizaine d'années plus tard, invité par le gouvernement brésilien pour une rétrospective de mes films.

2

LES GAIETÉS DE SAINTE-ANNE

Après cette escale brésilienne, je suis donc revenu en France. À peine suis-je arrivé au 10, rue Ernest-Deloison, à Neuilly-sur-Seine, l'appartement de location des Ophuls depuis 1934[1], que je reçois un coup de fil de Peter Biskind, rédacteur en chef d'*American Film* à Washington D.C. À l'époque, je travaillais assez souvent pour lui parce que sa revue, subventionnée par le gouvernement de Ronald Reagan, payait fort bien : deux mille ou trois mille dollars par article. J'avais donc pondu quelques petits papiers pour lui[2]. Peter et moi avions trouvé ensemble un code transatlantique lorsqu'il fallait raccourcir le texte. « *This is for length*, suggérait-il. *And this is for politics*[3]. » Après tout, je suis un animal politique.

Shoah venait de sortir dans un petit cinéma de la rive gauche et Biskind m'a demandé d'en faire la critique. Est-ce que j'aurais vu sur-le-champ ce chef-d'œuvre de caractère et

1. Avec quelques interruptions, non sans importance.

2. Papiers que l'on a pu presque tous lire dans la meilleure revue de cinéma au monde, *Positif*, qui les republiait en français.

3. Il faut toujours essayer de raccourcir ce que l'on écrit ou ce que l'on filme, autant que possible ; et les éditeurs ou les monteurs sont là pour nous y aider. Mais l'administration du brave Reagan… Vous vous rendez compte ? *That's « politics »*.

de courage ? Franchement, s'il n'y avait pas eu la demande d'*American Film*, je ne le crois pas. Je n'aime pas tellement les documentaires des autres, et surtout pas quand ils sont deux fois plus longs que les miens[1].

Deux jours avant d'aller voir le film de mon ex-ami Claude Lanzmann, le mal de tête a commencé, atroce, implacable[2]. J'avais encore plus mal à la tête en sortant de la projection de la première partie de *Shoah*.

Le lendemain, un dimanche, pour respirer un peu et nous changer les idées, ma femme Régine et moi sommes allés prendre le thé au café du parc de Bagatelle. Il faisait

1. C'est vrai que *Shoah* est un immense chef-d'œuvre, pas forcément de cinéma, mais un chef-d'œuvre de quelque chose. Claude Lanzmann témoigne dans *Hôtel Terminus* et l'on était en très bons termes à ce moment-là. Mais, au point où j'en suis, je peux reconnaître que je n'aime plus Claude Lanzmann. En 2002, dans les *Cahiers du cinéma*, j'avais donné une interview où j'avais lâché quelques petites vacheries sur Jean-Luc et où je disais que je n'aimais pas toujours ses films. Il s'en fichait Jean-Luc, il est venu à Lucq-de-Béarn quand même. Aussi, j'avais dit en passant qu'à la sortie de *Shoah*, j'avais un peu rendu service à Lanzmann, parce qu'aux États-Unis j'avais fait exprès de dire, pour les blurbs, que *Shoah* était le plus grand documentaire de l'histoire du cinéma, signé Marcel Ophuls. Alors évidemment ça a joué sur le plan publicitaire aux États-Unis. Que fait Lanzmann ? Il exige un droit de réponse de deux pages. Jean-Luc Godard est un type généreux et qui a le sens de l'humour, beaucoup d'humour. Claude est un type mesquin et qui n'a pas d'humour du tout. Il est doué, mon Dieu qu'il est doué. J'ai lâché ses Mémoires, qui sont formidablement bien écrits, vers la page 400, quand il était encore en train de séduire une Nord-Coréenne dans la boue asiatique : encore une, le champion tout-terrain de la séduction. Les passages sur Simone de Beauvoir et sur Jean-Paul Sartre sont par ailleurs passionnants.

2. Je n'avais pas encore eu l'occasion de lire quoi que ce soit sur le film. Épargnez-moi s'il vous plaît la cellule psychologique et la psychanalyse de bazar. J'avais remarqué que les premières critiques étaient affichées à la sortie. Je me souviens surtout d'avoir jeté un coup d'œil à celle de *Télérama*, tout simplement parce que j'aime beaucoup *Télérama*. Pierre Murat y avait écrit : « *Le Chagrin et la Pitié* d'Ophuls est un chef-d'œuvre froid, tandis que *Shoah* est un chef-d'œuvre chaud. » Ah bon ? *Well, just as long as they spell my name right* [« Tant qu'ils épellent mon nom correctement »], me suis-je dit alors…

très beau et je me souviens d'une belle femme, très élégante, qui est passée devant notre table avec un petit chien. Elle portait un numéro tatoué sur son bras nu.

Le lundi après-midi, nous avons pris un taxi pour aller voir la deuxième partie de *Shoah*.

Et le mardi, ce fut l'ambulance, sirènes hurlantes, qui m'a transporté à toute vitesse de Neuilly à l'hôpital Sainte-Anne. Aux urgences, étendu sur mon brancard de douleur, j'entendais derrière moi le professeur Chotlowitz, Polonais réputé un brin antisémite comme tant de Polonais, discuter à voix basse avec son équipe. Il voulait m'opérer. Seule une voix féminine s'élevait de temps en temps pour plaider la solution médicamenteuse. Je n'en menais pas large, car à l'époque, on pratiquait encore les lobotomies.

Le matin de l'opération, le chirurgien en blouse blanche, le docteur Germain, est venu s'asseoir à mon chevet, sans doute pour me rassurer et bavarder quelques minutes. Il m'a dit que mon mal n'était guère plus grave qu'une mauvaise grippe. Ils m'ont quand même gardé pendant quatre ou cinq semaines. « Au fait, monsieur Ophuls, ajoute le docteur Germain, j'ai un très bon ami qui apparaît dans votre film, *Le Chagrin et la Pitié*. C'est le professeur Danton qui a enseigné pendant la guerre au Lycée Blaise-Pascal de Clermont-Ferrand[1]. » Danton est dans le film parce qu'il avait mauvaise conscience de n'avoir rien fait pendant l'Occupation, de ne s'être aperçu de rien et sa mauvaise

1. Dans ses impressionnants Mémoires de surdoué, Lanzmann traite le professeur Danton d'imbécile. Ce n'est pas du tout mon avis. Pour moi, c'était un homme au regard très émouvant et à la parole hésitante, triste parce qu'il avait mauvaise conscience. Claude écrit aussi que mon film fait clairement passer Clermont pour une ville de collabos. Cela dit, si André Harris et moi avions su que lui, le secrétaire particulier de Jean-Paul Sartre, avait fait de la résistance à Clermont-Ferrand, bien sûr que nous serions allés le voir. Je ne le savais pas à l'époque, c'est aussi con que cela.

conscience est extrêmement photogénique. Le chirurgien me rappelle l'existence de son ami au moment où je vais passer sur le billard ; ça m'a fichu la pétoche bien sûr. Le professeur Danton, quand il a vu *Le Chagrin et la Pitié*, ne devait pas être follement enthousiaste.

Comme dans tous les hôpitaux, je suppose, le plus difficile était de passer la nuit[1]. Dans la chambre à côté de la mienne, était hospitalisé un épileptique italien, jeune agriculteur de Lombardie, qui venait s'asseoir la nuit sur mon lit et restait là plusieurs heures jusqu'à l'aube. Par la suite, nous avons échangé des cartes postales pendant quelque temps. Qu'est-il devenu ? Est-ce qu'il est encore en vie ? J'espère qu'il va bien. Dans une autre chambre, il y avait une ravissante Parisienne atteinte d'une tumeur au cerveau. Toute la nuit, nous bavardions ensemble dans le couloir. C'était l'époque où les femmes portaient encore de très hauts talons aiguilles. Les pas des infirmières résonnaient fort sur le carrelage dans ces couloirs de la mort. Un soir sur deux, retentissaient les chansons de salles de garde qui nous parvenaient de l'étage juste au-dessus du nôtre[2].

Il y avait un seul téléphone accroché au mur de notre service et Peter Biskind m'appelait presque chaque jour de Washington, pour discuter de la rédaction de ma critique dithyrambique de *Shoah*. Derrière moi, les familles des grands malades et des mourants attendaient patiemment leur tour pour parler avec leurs proches. Même s'ils comprenaient un peu de quoi il était question, qu'est-ce qu'ils

1. Je me souviens du sketch inénarrable des Inconnus de la télé où le service de nuit était assuré par une infirmière du nom de Joséphine, tandis que le docteur arrivait vers 11 heures du matin, portant son matériel de golf et accompagné d'une *trophy-wife*.

2. « La digue du cul en revenant de Nantes / De Nantes à Montaigu / La digue la digue / De Nantes à Montaigu / La digue du cul. »

pouvaient bien avoir à faire d'un film sur l'holocauste… L'holocauste ? Mais non voyons, c'était chez eux que la foudre avait frappé.

À la fin de mon hospitalisation, quand Régine est venue me chercher en voiture pour rentrer à Neuilly, je titubais encore un peu. En sortant, nous sommes passés en voiture devant le professeur Chotlowitz. Il portait un veston à grandes rayures d'un goût un peu douteux en attendant tranquillement son autobus.

Depuis mon accident à Rio et l'opération à Paris, j'ai ce trou dans le crâne, à droite en sortant de l'ascenseur, et de fréquents problèmes de mémoire[1].

---

1. Dieu sait que j'en ai vu des neurologues, mais rien n'y fait. Il n'y a pas très longtemps, je regardais *Marianne de ma jeunesse*, le seul film de Julien Duvivier où j'ai été assistant et qui repassait à la télévision. C'est un très mauvais film. Duvivier – grand metteur en scène, quoi qu'en aient pensé les hommes de la nouvelle vague – disait lui-même que ce n'était pas un film, mais un peloton d'exécution. J'avais été engagé parce qu'il était tourné en deux versions, française et allemande, et parce que je suis le fils Ophuls et que Duvivier et mon père s'entendaient bien. Je revois le film cinquante ans après, donc, et je ne me souviens plus des prises faites en studio. Rien. J'avais beau me concentrer, la mémoire ne me revenait pas.

3

QUESTIONS D'IDENTITÉ

« Les imbéciles heureux qui sont nés quelque part. »
Georges BRASSENS

« Votre passeport, s'il vous plaît. »
Un douanier

Je suis né le 1er novembre 1927, à Francfort-sur-le-Main en Allemagne, la même année où on a inventé le cinéma sonore. Cette ville était très belle avant la Seconde Guerre mondiale. C'est la ville de Goethe, qui était le poète de chevet de mon père. Il le connaissait par cœur. Il n'est jamais très bien arrivé à me le faire lire. Il en a pourtant employé des stratagèmes pour arriver à ce que je me plonge dans son œuvre immense. Quand on a le privilège d'être le fils de mon père, il faut quand même essayer de le mériter un peu, donc je ne désespère pas de pouvoir encore lire Goethe…

L'accouchement, paraît-il, avait été fort laborieux pour ma pauvre maman, ayant duré trente heures et des poussières. Le gynécologue était un Suisse, le professeur Marcel Traugott, et le canari sifflotant sur le balcon répondait au nom de Hänschen. Ma naissance a donc été enregistrée ainsi pour l'état civil : Hans Marcel.

Mon père s'appelait Oppenheimer, comme l'un des pères de la bombe atomique et le propriétaire des mines de diamant en Afrique du Sud[1]. Le pseudonyme d'« Ophuls » lui avait été donné une dizaine d'années avant ma naissance par l'acteur Fritz Holl, son professeur d'art dramatique à Stuttgart, qui aurait dans sa jeunesse filé le grand amour avec une Danoise portant ce nom[2]. C'est vraisemblable, mais il est aussi possible que mon procréateur, même si ce n'était pas du tout son genre, ait voulu protéger l'honorabilité de sa famille, qui n'était pas ravie qu'il se lance dans une carrière théâtrale. À moins qu'il ait voulu se protéger contre la montée de l'antisémitisme dans le pays.

Bien plus tard, en France, il a fait légaliser son pseudonyme au *Journal Officiel.* C'est donc ainsi que le nom d'Ophuls, du même coup, est aussi devenu le mien[3]. Ma propre théorie sur cet événement d'importance historique est que Max Ophuls, dans ses nombreux voyages de saltimbanque, en avait simplement assez de signer tout le temps, à chaque contrôle de frontière et à chaque contrôle d'identité : « Max Oppenheimer, dit Ophuls[4] ».

Après la guerre, lorsque mon père et moi avons eu l'occasion de passer à Vienne pour un très beau projet de film qui, comme tant d'autres, ne s'est jamais fait, dans sa belle Mercedes décapotable, il s'est arrêté devant un hôtel et il m'a

1. C'est surtout un lien de parenté avec le second qui aurait été intéressant pour notre famille.

2. Max Ophuls raconte cet épisode dans ses *Souvenirs* (Éditions des Cahiers du cinéma).

3. Quant au nom de Marcel Wall, le nom de ma mère, si j'ai été obligé d'adopter ce pseudonyme pendant mes trop longues années d'assistanat, c'est tout simplement parce que le grand Max ne voulait pas que son fiston aille galvauder son nom au générique de mauvais films.

4. René Chomette, lui, s'est fait appeler René Clair. Quel joli nom pour un créateur de cinéma !

dit : « Zewen[1], tu es né à Francfort, mais c'est ici que tu as été conçu. »

À ses débuts, comme tant d'autres artistes de sa génération – Billy Wilder, Otto Preminger, Fritz Kortner, qui, eux, étaient viennois –, mon père n'aimait pas Vienne qu'il trouvait trop bourgeois, trop poussiéreux, trop académique. Dès son arrivée dans cette ville, en 1926, il avait été exaspéré par son atmosphère de fin de siècle. Âgé alors de vingt-quatre ans, il avait déjà réalisé des dizaines de mises en scène dans quelques grands *Stadttheatern*[2], principalement dans les grandes villes de la Ruhr, à l'époque sous occupation alliée, et il devint le plus jeune metteur en scène de l'histoire du Burgtheater, la Comédie-Française de toute la *Mitteleuropa*, où il venait d'être engagé. Comme dans tous les grands théâtres de répertoire de l'époque, on changeait d'affiche tous les mois. Quatre semaines de répétitions suffisaient donc largement.

Un jour, employé comme jeune premier ténébreux et romantique, il avait demandé à Devrient, le doyen de cette honorable maison, qui venait aux répétitions en gants blancs, où donc se trouvait le metteur en scène. Celui-ci lui aurait répondu : « Jeune homme, lorsque je suis debout ici, vous ne pouvez pas y être, n'est-ce pas ? Et lorsque je me dirige vers les coulisses, vous ne pouvez pas vous trouver sur mon chemin. Alors quel besoin avons-nous donc d'un metteur en scène ? » Max Ophuls m'a raconté cette histoire parce qu'il trouvait qu'il y avait dans celle-ci beaucoup de vérité.

Hilde Wall, ma mère, de sept ans plus âgée que mon père, était déjà une grande vedette du Burgtheater. Un matin, assis comme toujours dans la pénombre du théâtre

---

1. Zewen, « Fiston » : c'est ainsi que mon père m'appelait. Ce sobriquet ne correspond à aucune langue que je connaisse.
2. Théâtres.

vide, Max Ophuls, qui était chargé de la mise en scène d'une pièce quelconque, a vu entrer la jeune comédienne sur scène dans une robe pourpre et vert. Très calmement, il a demandé à ma mère si elle comptait porter ce costume dans la pièce. « Bien entendu », a répondu ma mère. La voix tout aussi calme lui est parvenue de la salle : « Non, non, il faut la changer, et si vous le voulez bien, madame, nous en reparlerons après la répétition. » Ma mère a commencé à s'emporter : « Ben non, voyons. Nous ne reparlerons d'absolument rien. » Dans la semi-obscurité, la voix a répondu « Mais si, mais si... » Commence une dispute devant tous les autres et ma mère pense : *Ce jeune type, quand même, qu'est-ce qu'il est calme*. C'est assez cocasse, me semble-t-il, car s'il y a une chose que l'on peut dire de mon papa, c'est que ce n'était pas un homme calme. C'était un homme parfois doux et tendre, mais souvent violent.

À la fin de la répétition, mes parents se sont retrouvés dans le magasin des costumes. Et ils ont choisi une robe ensemble. Cela a été le coup de foudre.

Par la suite, à Paris comme à Hollywood, quand ma mère disait qu'elle avait été une grande comédienne, mon père ne la contredisait jamais, bien au contraire. Et quand elle affirmait que mon père n'avait pas été un très bon acteur, il ne la contredisait jamais non plus. Personnellement, j'ai quelques doutes sur cette dernière proposition. Max Ophuls n'était-il pas peut-être tout simplement plus sobre et plus moderne que ceux qui l'entouraient à Vienne ?

Au début de la saison de 1927, le directeur du Burgtheater a convoqué Max Ophuls dans son bureau pour lui expliquer, avec ce mélange de courtoisie et d'hypocrisie typiquement viennois, qu'il ne pourrait pas reparaître sur scène comme acteur. Pourquoi ? Tout simplement parce qu'il pensait, lui, *der Herr Intendant*, que mon père avait le faciès trop juif. Mon père a voulu entamer un procès qui a fait à l'époque la une des gazettes[1]. De sa vie, il ne m'en a jamais parlé. Peut-être en avait-il honte, car il n'était pas un procédurier comme moi et n'aimait pas les avocats. Ce en quoi il avait tort !

Ne pouvant donc pas renouveler son contrat, et ne le voulant pas, il est parti avec sa jeune femme, belle blonde aux yeux bleus qui ressemblait un peu à Irene Dunne[2], à Francfort, où je suis né neuf mois plus tard. Après ma naissance, d'après ce que j'en sais, Hilde Wall, pour s'occuper de son époux et de son fils unique, n'est plus jamais remontée sur les planches[3].

---

1. Voir *Max Ophuls, Eine Biografie,* de Helmut G. Asper, ainsi que les archives du Burgtheater de Vienne.

2. Celle-ci était d'ailleurs sa vedette préférée.

3. Mais quand elle était enceinte, au septième mois, je partageais encore les feux de la rampe avec elle dans une pièce d'Édouard Bourdet qui s'appelle *L'Étrangère*, dans laquelle ma mère jouait une lesbienne.

4

SOLDATEN WOHNEN AUF DEN KANONEN[1]

« *Make hay while the sun shines*[2]. »

Dicton américain

Max Ophuls, au début des années trente, était, il faut bien le dire, résolument communiste. C'est donc une troupe de jeunes acteurs du même esprit qui est venu le chercher dans le fin fond de la province allemande (c'est-à-dire à Breslau) pour l'amener vers les lumières de la ville. Et pour y faire – vingt dieux ! – du théâtre « engagé ». Mais tout allait très vite à l'époque, pour l'Allemagne de Weimar tout comme pour mon jeune papa. La troupe d'extrême gauche semble avoir rapidement fait faillite et Max Ophuls s'est retrouvé sur le *Kurfürstendamm*[3] en plein dans le théâtre de boulevard et le show-business pour diriger *The Royal Family* de George S. Kaufman et Moss Hart dans une pièce de Broadway à grand succès sur les Barrymore[4]. Il passait

1. « Les soldats vivent sur leurs canons », Bertolt Brecht et Kurt Weill, *L'Opéra de quat'sous*.

2. « Faites du foin tant qu'il y a du soleil. »

3. Une avenue de Berlin.

4. La pièce raconte l'histoire de cette formidable famille de grands acteurs, celle du beau John qui était alcoolique et shakespearien, du grand Lionel que l'on peut voir chez Capra dans *Vous ne l'emporterez pas avec vous* et de la belle Ethel.

ses nuits dans les salons de la vieille Adele Sandrock, une très grande actrice de théâtre dont personne ne se souvient plus, avec Conrad Veidt (de *Nosferatu* et de *Casablanca*), avec la très grande Rosa Valetti (de *L'Ange bleu*), avec Käthe Dorsch, grande vedette de cinéma. Le Tout-Berlin de ce temps-là était fébrile et pressé ; on y baisait beaucoup, on y dormait fort peu. Pour tous les écrivains, compositeurs, metteurs en scène et acteurs de langue allemande, c'était la capitale du monde[1].

Le cinéma sonore faisait ses premières armes et, le moins que l'on puisse dire, c'est que le Berlin des arts et des lettres ne le prenait pas très au sérieux. On allait bosser à l'UFA[2] de Babelsberg, en premier lieu pour y gagner sa croûte[3]. Mon papa, lui, qui avait déjà fait plus d'une centaine de mises en scène au théâtre, s'est rendu à Babelsberg pour y suivre, comme si souvent, une jeune et jolie femme qui venait d'obtenir un petit rôle dans un film tourné en deux ou trois versions : *Nie wieder Liebe* du réalisateur Anatole Litvak. Ce dernier était russe et ne maîtrisait sans doute pas très bien la langue allemande. Erich Pommer (le chef de l'UFA) et son entourage pensaient donc qu'il lui fallait un directeur de dialogues[4]. Grâce à une conversation ourdie au bar de la cantine, Max Ophuls s'est donc débrouillé pour être engagé à ce titre.

---

1. Y séjournèrent ou y passèrent Thomas et Heinrich Mann, Billy Wilder, Erich Kästner, Fritz Lang, Marlene Dietrich, Fritz Kortner, mais aussi Alfred Hitchcock.

2. L'UFA (Universum Film AG) était alors l'une des plus importantes sociétés de production allemande.

3. De toute façon, la cinéphilie est une invention française. Ailleurs qu'à Paris, le cinéma de l'époque, et peut-être aussi celui d'aujourd'hui, n'a jamais été pris très au sérieux, y compris dans ma propre famille.

4. Les directeurs de dialogues, j'en ai fait l'expérience, ne fichent absolument rien sur un tournage.

Pendant ce temps, nous habitions en location dans une rue calme et ensoleillée d'une banlieue prolétaire de Lichterfelde Ost. Mes parents m'ont raconté que j'apprenais déjà à dépenser des petites fortunes à crédit. J'avais en effet remarqué que le matin, mon papa allait au kiosque à journaux du coin acheter son journal et ses cigarettes, en murmurant au marchand : « Mettez-le sur ma note. » De temps en temps avec ma petite auto rouge, je me pointais donc à la même adresse en prenant des bonbons et du chocolat et en proclamant haut et fort : « *Auf die Rechnung bitte !* » [« Mettez-le sur ma note ! »]

À quatre ans, première grande alerte sur la mortalité des hommes. J'en garde encore la cicatrice sous l'oreille gauche qui me rend un peu sourd : c'était une mastoïdite. Les antibiotiques, bien entendu, n'existaient pas encore et je fus transporté, sirènes hurlantes, à la Charité, le plus grand hôpital de Berlin. Le chirurgien, de grande renommée, était très long et maigre. Cinq semaines après l'opération, il est venu en personne à Lichterfelde Ost pour voir comment allait son jeune patient, lequel a essayé de l'écraser avec sa petite auto rouge.

Comme d'habitude, dès qu'un peu d'argent rentrait dans la caisse, les Ophuls changeaient de domicile et le grand Max a fini par acheter une superbe villa *aus den Gründerjahren*[1]. Les plafonds étaient vraiment hauts et j'ai eu droit à une gouvernante très forte qui faisait aussi fonction de cuisinière. Je crois avoir remarqué que les tout petits enfants gardent le souvenir de ce qui est bas, plutôt que de ce qui est haut. En tout cas, je me souviens très bien du carrelage de l'immense cuisine.

Depuis ma petite chambre, j'avais vue sur le toit plat de la villa d'à côté. J'y observais une douzaine d'individus

1. Construite pendant la Gründerzeit, à la fin du XIXe siècle.

faisant des exercices bizarres. « *Achtung ! Links ! Achtung ! Rechts ! Gewehr, bei Fuss ! Zurück, marsch-marsch !* » etc. Mais qu'est-ce qu'ils faisaient donc là, ces jeunes hommes blonds, plutôt beaux gosses ? Mystère ! « *Soldaten wohnen auf den Kanonen.* » Les nazis venaient d'entrer dans ma vie.

5

PREMIER EXODE

« Rien ne sert de courir ; il faut partir à temps. »

Jean de la FONTAINE

« L'objection selon laquelle on ne saurait écarter les Juifs de l'art et de la vie culturelle, que leur grand nombre empêcherait de remplir les places laissées vides, a été brillamment réfutée. »

Joseph GOEBBELS

En 1930, ayant rempli son contrat comme directeur de dialogues à l'âge de vingt-huit ans, Max Ophuls, qui partageait son temps entre le théâtre et le cinéma, aurait bien aimé rester à l'UFA, où il avait appris ce que sont les films. Les patrons du studio avaient déjà repéré ce jeune prodige et voulaient lui confier un court-métrage : « Max, tu n'as qu'à trouver un bon sujet dans notre bibliothèque », lui a-t-on dit. Obéissant, il a donc passé quelques jours parmi les sujets dont l'UFA avait acquis les droits. À côté de lui, il y avait un jeune journaliste qui faisait la même chose. Les deux hommes ont dû bavarder ensemble un bon moment, et Billy Wilder[1], qui avait déjà écrit *Les Hommes le*

1. Journaliste sous le nom de « Billie », il avait, à Vienne, « couvert » le mariage de mes parents. Moyennant quoi ma mère, jusqu'à la fin de sa vie, disait toujours *der kleine* Billie.

dimanche aurait dit à mon père : « Maxl, va donc chercher quelque chose pour les enfants[1] du côté d'Erich Kästner. » Quelque part dans cette immense bibliothèque se trouvait un livre pour enfants du grand Kästner : *Dann schon lieber Lebertran*[2]. Il raconte l'histoire d'un groupe de bambins auxquels saint Pierre remet les responsabilités du monde pendant quarante-huit heures. Comme vous l'aurez, je pense, déjà deviné, après ce délai, ils en ont marre et reviennent dans leur monde enfantin et merveilleux[3]. Le rôle principal était tenu par la petite Hannelore Schrod, que j'ai bien connue quelques décennies plus tard, et qui fut l'une des nombreuses maîtresses du Dr Goebbels.

La production avait pris ses précautions. Comme directeur de la photographie, elle avait choisi un petit homme qui ressemblait à l'un des nains de *Blanche-Neige*, du nom d'Eugen Schufftan, surnommé Schüffchen, l'un des plus grands opérateurs de l'histoire du cinéma. Mon papa, qui n'avait pas encore tout appris, voulant sans doute se rendre intéressant, criait « moteur » de temps en temps, et à un moment donné Schüffchen est venu le voir et lui a dit à l'oreille : « Jeune homme, avant de dire "moteur", faites quand même attention et vérifiez si la caméra est bien fermée. » Ce n'est que des années après que la famille Ophuls a su que l'UFA avait dit au grand Schufftan[4] : « Si au bout de trois jours ça ne marche pas, c'est vous qui terminerez le film. »

1. Max Ophuls avait déjà écrit pour le théâtre un conte de Noël pour enfants : *Fips und Stips auf der Weltreise*.

2. « Je préfère encore l'huile de foie de morue ». Le négatif semble être irrémédiablement perdu, mais le scénario de Max Ophuls et d'Emeric Pressburger existe encore.

3. Comme Judy Garland revenant dans le Kansas de sa famille dans *Le Magicien d'Oz*.

4. Schufftan a aussi appris à Marcel Carné dans *Le Quai des brumes* ce que c'est qu'une caméra, ainsi qu'à Henri Alekan et bien d'autres...

Ensuite, Max Ophuls a enchaîné quatre films en trois ans : notamment *Die verliebte Firma*[1] [L'Amour au studio], une gentille petite comédie sans prétention, et *Die lachenden Erben* [Les Joyeux Héritiers], un navet pas joyeux du tout avec Heinz Rühmann et Lien Deyers. Pour ce film, l'UFA lui avait demandé de prendre comme décorateur architecte Bruno von Arent, dont tout le monde savait qu'il était nazi et qui devint quelques années plus tard l'assistant d'Albert Speer[2] pour la construction du grand stade de Nuremberg (et donc « décorateur » du *Triomphe de la volonté* de Leni Riefenstahl). C'est lui, Arent, qui a téléphoné un soir chez nous au Lietzensee pour dire : « Maxl, il est temps de partir. »

À cette même période, Max Ophuls a tourné *La Fiancée vendue* de Smetana et Theo Mackeben, financé par des petits producteurs amoureux d'opéra. Il n'a rencontré aucun succès et mon papa, qui n'aimait pas se souvenir de ses bides, parce que ça lui cassait le moral, pensait que ce n'était pas un film important. Comme souvent, il se trompait. Bien après la guerre, à la Cinémathèque royale de Bruxelles, Claude Beylie, Régine et moi avons découvert cette merveille. C'est un film d'une vitalité incroyable, d'un enthousiasme de très jeune homme qui, à chaque minute, respire le printemps de la vie. En Allemagne, Max Ophuls faisait la même chose que ce qu'Ernst Lubitsch, Ruben Mamoulian et John Ford faisaient à Hollywood, c'est-à-dire qu'il cherchait à se débarrasser de la dictature des ingénieurs du son. Les chanteurs d'opéra galopaient à cheval en duo, précédés par la caméra qui les filmait en travelling arrière.

1. « *Ich wär' so gern mal richtig verliebt, ich weiß vom Tonfilm, dass es das gibet.* » [« J'aimerais tellement être amoureux. Grâce au cinéma, je sais que ça existe. »]

2. Par la suite, pour des raisons professionnelles, j'ai très bien connu Albert Speer, grand criminel de guerre et homme charmant.

La véritable vedette de *La Fiancée vendue* était ce grand clown bavarois de Karl Valentin. Très excentrique et hypocondriaque, il refusa dans son contrat de prendre le train de Munich jusqu'à Berlin pour la postsynchro, sauf s'il avait le droit d'être dans la locomotive pour surveiller le conducteur[1]. Il improvisait la plupart de ses dialogues avec Liesl Karstadt[2] qu'il appelait *das Fräulein* [La demoiselle]. Un jour, en extérieur, sur une grande pelouse, entre les prises, le jeune Max, perdu dans ses pensées, mâchait un brin d'herbe. Soudain, le grand Valentin s'est approché de lui pour lui dire : « Ne faites pas ça, Maxl, on peut en mourir ! Jetez cela tout de suite ! » Quelques années plus tard, en 1938 ou en 1939, une lettre en provenance de Munich est arrivée chez nous en France, au 10, rue Ernest-Deloison à Neuilly. L'enveloppe contenait une coupure de presse : « *Heute morgen ist der Knecht Alois Krutzenmacher im Krankenhaus von Wasserburg an einer Spaltpilz Vergiftung gestorben.* » [« Ce matin, à l'hôpital de Wasserburg, un valet de ferme est mort d'un champignon qu'on trouve parfois dans les brins d'herbe. »] Cette annonce était suivie de « *Beste Grüsse*, Karl Valentin ».

Au début du IIIe Reich, Valentin apparaissait tous les soirs sur une toute petite scène de cabaret. Un jour, quand le rideau s'est levé, il a brandi la main et il a dit : « *Heil...* Merde, j'ai oublié son nom ! » Il a été arrêté séance tenante et envoyé dans un camp de concentration pendant un mois ou deux. À son retour, le même rideau s'est relevé et Valentin est entré sur scène en levant le bras et en criant : « *Heil* Hitler ! Vous voyez : maintenant, je me souviens du nom. »

1. Karl Valentin a été l'un des maîtres d'un autre grand Bavarois, Bertolt Brecht.

2. « *Und jetzt legt die Frau Direktor noch ein Ei.* » [« Et maintenant, madame la directrice va nous pondre un œuf. »]

Et puis ce fut le premier chef-d'œuvre de Max Ophuls, *Liebelei*[1], adaptation d'une pièce d'Arthur Schnitzler, ce grand médecin de la société de son temps[2]. C'était un mélodrame dont mon père avait su faire une tragédie. Le rôle de Fritz, le jeune premier, était tenu par un inconnu du nom de Wolfgang Liebeneiner qui était un jeune metteur en scène de théâtre. Un ou deux ans auparavant, Liebeneiner avait téléphoné à mon père pour savoir si celui-ci ne pouvait pas libérer une comédienne dont il avait besoin pour ses répétitions. Cette jeune voix au téléphone avait surpris Max Ophuls par son idéalisme et sa modestie, et il s'en est souvenu au moment du casting de *Liebelei.* C'est comme cela que le rôle a été distribué.

Pour le rôle de Christine, on avait choisi Louise Ulrich, déjà une grande vedette de théâtre, connue surtout pour des emplois dramatiques. Pour le rôle de Mitzi, la copine de Christine très viennoise, un peu frivole qui savait faire la différence entre *Herr Lieutnant* et *Herr Oberlieutnant* (et qui couchait aussi bien avec l'un que l'autre), on avait choisi une jeune actrice d'opérette, Magda Schneider, la future mère de Romy. Un soir, pendant la préparation du film, Max Ophuls était assis dans un taxi entre Mme Schneider et Mme Ulrich. Il avait été frappé par la drôlerie de Louise Ulrich et la naïveté apparente de Magda Schneider. Il a donc inversé les rôles.

Le soir au Lietzensee, pendant le tournage, Max Ophuls répétait le rôle de Christine avec ma mère, qui l'avait joué

---

1. Dans *Liebelei*, le cameraman n'était plus Schufftan, mais Franz Planer que Max Ophuls a retrouvé pour *Lettre d'une inconnue*.

2. Mon père me faisait remarquer vers la fin de sa vie que Schnitzler avait écrit *La Ronde*, comédie impitoyable et quelque peu cynique, quand il était tout jeune et *Liebelei*, ce chef-d'œuvre romantique, quand il était déjà un homme mûr. Le cynisme est-il un symptôme d'adolescent retardé ? C'est bien possible.

au théâtre. Elle lui donnait, paraît-il, beaucoup d'indications. Il devait en tenir compte lorsque, de retour au studio pour tourner, il dirigeait Magda Schneider, comme dans cette scène où elle apprend que Fritz est mort en duel pour une autre femme.

Ce n'est que dans les seconds rôles de *Liebelei* que des grandes vedettes étaient distribuées, comme Olga Tschechowa qui jouait la baronne et surtout Gustaf Gründgens qui jouait le baron. Celui-ci est par la suite devenu le directeur général de tous les théâtres du IIIe Reich[1].

Quand ce film fut terminé, le Reichstag, très vite, est parti en flammes. Au Lietzensee, Max Ophuls a reçu plusieurs coups de fil, pas seulement celui de Bruno von Arent déjà évoqué, mais aussi un autre, donné par l'actrice Käthe Dorsch, dont je me demande encore si mon père n'a pas eu avec elle une liaison amoureuse. « Il faut partir maintenant, Maxl. Il faut absolument partir. » Bien d'autres sont partis dans la même semaine : Mike Nichols, par exemple, et aussi Shlomo Lahat, qui devint le maire de Tel-Aviv et qui, comme moi, était alors âgé de cinq ans[2].

---

1. Gustaf Gründgens était homosexuel et l'amant du fils de Thomas Mann, Klaus (voir à ce propos *Mephisto*, le film d'Istvan Szabó). La dernière mise en scène de théâtre de Max Ophuls fut jouée en 1957 au théâtre Thalia de Hambourg dont Gründgens était alors le *Herr Intendant*. À la répétition générale, mon père était déjà à l'hôpital, dont il n'est jamais ressorti. C'était *La Folle Journée ou Le Mariage de Figaro* du marquis Caron de Beaumarchais, ce grand auteur réellement révolutionnaire.

2. Pour des raisons que j'ai oubliées, Mike Nichols (de son vrai nom Michael Peschkowsky) était arrivé dans le port de New York en portant un écriteau : « *I don't speak english. Please don't kiss me.* » Quant au maire de Tel-Aviv qui m'invita pour montrer *Hôtel Terminus* le Jour de la Shoah, il était très beau. Pendant la projection, de temps en temps, il roupillait sur mon épaule parce qu'en Israël le Jour de la Shoah est très fatigant pour les politiciens. Et chaque fois que je pensais qu'il y avait quelque chose dans mon film qui pouvait l'intéresser, je faisais un petit geste avec mon épaule. Il se réveillait immédiatement et regardait l'écran de ses grands yeux bleus.

Mon père, déjà à l'époque, avait pris l'habitude de conduire des décapotables. En l'occurrence, c'était une toute petite NSU. J'étais assis dans le coffre arrière de la voiture entre deux ou trois valises. Et je me souviens que, en allant vers le Bahnhof am Zoo pour prendre notre train pour Paris, nous sommes passés, mon père, ma mère et moi, devant l'Atrium-Palast qui affichait *Liebelei*. C'était déjà un triomphe. Il faisait très froid parce que nous étions au mois de mars et mon papa a fait deux fois le tour de la place pour regarder ce grand cinéma sur les affiches duquel son nom était écrit en grandes lettres[1].

Berlin était à l'époque, et d'ailleurs l'est encore, une très grande ville, plutôt moche, et dans le wagon-lit en première classe, Max Ophuls regardait les banlieues prolétaires défiler devant ses yeux. Et comme il faisait nuit, il regardait les ouvriers et leurs familles assis dans leurs appartements en train de dîner. À un moment donné, le contrôleur des wagons-lits est venu près de mon père et lui a dit : « *Ja, der Herr, müssen Sie jetzt auch die Heimat verlassen*[2] ? » [« Monsieur, à présent devez-vous vous aussi quitter votre patrie ? »]

Mes grands-oncles Heinrich, Ludwig et Gustave étaient propriétaires de magasins de confection pour hommes.

Avant la projection, tous les cinéphiles du coin m'avaient dit : « Ne lui parlez surtout pas en allemand ; il a horreur de ça. » Après la projection, monsieur le maire m'a dit : « Allons boire un verre à la cantine. Enfin allons-nous pouvoir y parler en allemand. »

1. Dès la prise de pouvoir d'Adolf Hitler, ce nom a disparu des affiches et, ainsi que celui d'Arthur Schnitzler, du générique. Cela n'empêchait pas les hauts dignitaires nazis de regarder des films censurés ou interdits parce que juifs, à Berchtesgaden ou ailleurs. Le brave Dr Goebbels était un fan des Marx Brothers, et le Führer lui-même aurait interdit les duels à cause de *Liebelei*.

2. Puisque nous étions à l'époque de nationalité sarroise, nous n'avons eu aucun souci à passer la frontière.

Leurs employés leur disaient toujours : « *Aber, Herr Bamberger, warten Sie doch noch. Diese Nazis werden wir doch bald wieder los.* » [« Mais voyons, monsieur Bamberger, attendez donc un peu. Ces nazis, nous en serons bientôt débarrassés. »] Et comme, contrairement à mon père, ils n'avaient pas emporté leurs bagages dans leur tête, ils restèrent non seulement à Stuttgart, mais aussi à Francfort, à Munich et à Leipzig. Ils sont tous morts gazés, à l'exception du plus jeune des Bamberger, mon grand-oncle Fritz. Ceux qui avaient leurs bagages dans leur tête sont tous partis. Fritz Lang, Billy Wilder, Robert Siodmak, Max Ophuls, tous les intellos, les artistes, les cinéastes de cette génération-là ont fichu le camp à temps.

6

DES CHAMPS-ÉLYSÉES À NEUILLY-SUR-SEINE, OU COMMENT APPRENDRE UNE LANGUE LORSQU'IL LE FAUT BIEN

« Le monde est mon huître ! »

Anonyme

« *Paris ? Paris ? Ach hier ! Den Finger drauf. Das nehmen wir*[1]. »

Général von MOLTKE

Max Ophuls étant un fils de grands bourgeois, né à Sarrebruck, il parlait un tout petit peu notre belle langue[2]. Ma mère, née à Brunswick d'une femme qui faisait le ménage et d'un père rebouteux, avait quitté le nid familial à l'âge de seize ans pour monter sur scène et n'en parlait pas une broque[3]. Quant au petit Marcel, n'en parlons pas !

Le lendemain de notre arrivée à Paris, mon père nous avait installés tous les trois dans un meublé de la rue de Tilsitt et, pendant que ma mère défaisait encore les bagages

1. « Paris ? Paris ? Ah, j'ai le doigt dessus. Nous la prenons. »

2. Pourquoi les Français pensent-ils toujours que la maîtrise de la langue française est un signe essentiel de culture dans le monde entier ?

3. Jusqu'à l'âge de seize ans, ma mère pensait qu'un Juif était quelqu'un qui, vêtu d'un lourd manteau en poil de chameau, attendait sur un quai de gare pour prendre un wagon première classe.

et essayait, comme toujours, de rendre notre résidence *gemütlich* [confortable], le grand Max descendait déjà les Champs-Élysées. Il faisait beau, mais il se demandait sans doute comment faire bouillir la marmite. Soudain, un homme-sandwich est venu à sa rencontre. On pouvait lire sur son panneau : « *Liebelei* au Studio de l'Étoile, un film de Max Ophuls. » Mon père s'est pointé aussitôt à la caisse du Studio de l'Étoile pour dire à la caissière : « Exgusez-moi, je zouis Max Ophuls. » Il a rapidement été mis en rapport avec l'exploitant et le distributeur, qui lui ont proposé de faire une version française de *Liebelei.* Elle est abominable cette version française ! Intitulée *Une histoire d'amour*, c'est le seul film de mon papa que j'aimerais voir disparaître à tout jamais. Pourquoi un jugement aussi brutal de ma part ? Tout simplement parce qu'il a été tourné à la va-vite avec quelques acteurs français médiocres.

Dans ce film – *Achtung*, les cinéphiles et les ophulsiens ! – on peut voir, par exemple, le magnifique Paul Hörbiger descendre un escalier en plan général, et retrouver, devant la loge du concierge du théâtre, un comédien français dont j'ai oublié le nom. Georges Rigaud remplaçait le merveilleux Willy Eichberger[1]. Je n'arrive pas à me souvenir si Wolfgang Liebeneiner avait voulu, ou pu, venir à Paris. En revanche Magda Schneider, qui elle non plus ne parlait pas un seul mot de français, avait fait le déplacement. Quand elle est assise sur son escabeau, elle lit ce qu'on appelait un « nègre » placé derrière la caméra. Ce qui n'arrange tout de même pas l'intensité tragique de la scène[2]. Louise Ulrich n'avait pas non plus voulu ou

1. Sous le nom de Carl Esmond, plus tard, il joua, à Hollywood, tous les méchants nazis. Il interprète le médecin dans *Lola Montès*.

2. Comme quelques décennies plus tard Martine Carol dans *Lola Montès* qui, elle, ne parlait pas l'allemand.

pu faire le déplacement. Une dénommée Simone Héliard jouait Mitzi à sa place. Catastrophe ! Compte tenu des événements, on est en droit de supposer que Gustaf Gründgens ne voulait plus venir. Il est donc, comme il se doit, sous-titré.

Cette fichue version française, j'ai essayé de l'interdire. Je suis l'héritier de Max Ophuls et c'est mon boulot d'essayer d'interdire ce que je sais qu'il voulait interdire luimême.

Entre-temps, la petite famille Ophuls avait pu quitter la rue de Tilsitt en direction de la commune la plus riche de France, Neuilly-sur-Seine. Dans un premier temps, nous avons habité rue de la Ferme, à deux pas du bois de Boulogne.

Max Ophuls ne s'intéressait pas beaucoup aux lieux de ses séjours. Depuis l'âge de dix-neuf ans, il connaissait surtout les hôtels, modestes au début et de plus en plus luxueux par la suite. En revanche, sa femme, une des nombreuses *deutsche Hausfrauen* de ma vie, toujours soucieuse du bien-être de son fils unique, tenait beaucoup à ce que nous soyons installés près du bois de Boulogne. Le petit Marcel pouvait aller s'y balader avec la bonne à tout faire ou avec sa maman. C'était à l'époque, il faut bien le dire, une « mère poule », mais qui a très vite appris à se maîtriser.

L'appartement de la rue de la Ferme donnait sur la cour et n'était pas très lumineux. Nous avons donc très vite déménagé pour louer un appartement au sixième étage du 10, rue Ernest-Deloison. Nous y sommes restés, avec quelques interruptions significatives, pendant plus de cinquante ans[1].

---

1. Ce trois-pièces, salle de bains, cuisine avec balcon était la propriété de la Caisse des dépôts et consignations et l'est toujours. Actuellement, je cherche un petit studio pour rentrer à Paris et j'ai adressé un e-mail au

J'avais alors cinq ans. Il était temps d'aller à l'école. Ah mon Dieu ! Mais laquelle ? À cinquante mètres de la rue Ernest-Deloison, il y avait, au coin du boulevard Richard-Wallace face au pont de Puteaux, le Cours Charles-de-Foucault. J'y fus inscrit. Marie Basenet[1], notre bonne à tout faire, pouvait aller m'y chercher et me ramener à pied. Il fallait très vite y apprendre une langue complètement étrangère, en même temps que lire et écrire. J'ai gardé une assez sale écriture[2] et je ne pense pas avoir particulièrement le don des langues. La directrice de ce cours privé, sans doute très cher, était Mme de Germont. Un jour, quand j'étais encore en maternelle, elle a demandé un rendez-vous à mes parents. Elle est donc venue prendre le thé chez nous. Dans le courant de la conversation, elle a glissé une question toute simple : « Excusez-moi, madame Ophuls, est-ce que vous parlez français avec Marcel ? » Ma mère a répondu : « Voui, voui. Voui, voui. » Et Mme de Germont a levé l'index et a dit : « Faut pas ! »

Max Ophuls tournait à peu près tout ce qu'on lui proposait, car il n'était pas encore considéré comme un réalisateur de la même classe que Marcel Carné, Julien Duvivier ou surtout que Jean Renoir. De quels films s'agit-il ? *On a volé un homme* pour Erich Pommer dont le négatif a disparu, *La Signora di tutti* en Italie

président de la Caisse des dépôts et consignations auquel il n'a toujours pas répondu.

1. Plus tard, jusqu'à la veille de la guerre, quand je ne faisais pas ma chambre ou quand je négligeais mes devoirs, Marie Basenet disait toujours : « Ah, monsieur l'inspecteur des travaux finis. » Je ne sais pas exactement ce que c'est qu'un inspecteur des travaux finis, mais je m'en doute un peu.

2. Mon papa, qui, lui, avait une magnifique écriture, appelait la mienne *Fliegenschiss*, de la merde de mouche.

fasciste[1]. Ses coscénaristes étaient, dès qu'il pouvait les faire engager, Curt Alexander et Hans Wilhelm. Il me semble que *La Signora di tutti* est un très bon film, précurseur comme tous les ophulsiens patentés le savent, de *Lola Montès*[2]. L'année suivante, en 1935, ce fut *Divine*, le seul film auquel a jamais collaboré la grande Colette. En 1936, il y a deux courts-métrages musicaux à son palmarès, mais aussi un film hollandais, *Komedie Om Geld*. Mon père ne se souvenait de ce film qu'à cause de la jeune première, Rini Otte, effectivement ravissante, et du fait qu'il valait mieux ne pas avoir à faire de films en Hollande.

En 1936 aussi, il réalisa *La Tendre Ennemie*, d'après la pièce d'André-Paul Antoine intitulée *L'Ennemie*, adaptée par Curt Alexander[3]. La photographie était d'Eugen Schufftan et, comme toujours, Ralph Baum était l'assistant de Max. C'est une comédie très noire et, malheureusement, fort misogyne, une histoire de fantômes et de cocus, autrement dit de fantômes cocus. Quand ce fort bon film est sorti, ce fut un bide et il existe un prologue lu par le distributeur qui annonce au public que ce n'est pas un film comme les autres. Ce prologue est bidonnant et faisait la joie des Ophuls. Quand le film fut distribué

1. Primé à l'un des premiers festivals de Venise. Ah, la Mostra, nous en reparlerons !

2. Max Ophuls n'était-il donc pas au cinéma l'un des rares et authentiques féministes ? Bergman sans doute aussi, mais il ne l'affichait pas. Antonioni ? Peut-être, mais il l'affichait trop.

3. Curt Alexander est mort à Auschwitz. Sa femme, Böschi, qui ressemblait à Hedy Lamarr, a terminé ses jours dans un bordel polonais. « Alex » avait toujours tendance à trouver ses idées en restant allongé sur un sofa et c'est ainsi qu'il a été cueilli sur un voilier de plaisance dans le port de Nice par la Gestapo.

à l'étranger, on a parfois écrit qu'il s'agissait d'un film de René Clair[1].

En 1937 – oh, mon Dieu ; il faut bien que j'en parle –, il y a eu *Yoshiwara* avec Pierre Richard-Willm, un bon acteur et un très brave homme. Il s'agissait d'une japonaiserie vaguement inspirée de *Madame Butterfly*. Gabriello, lui, avait les yeux bridés ainsi que quelques autres acteurs dans des rôles secondaires. Sessue Hayakawa, un vrai Japonais dans le rôle du méchant et déjà une grande vedette, était arrivé sur le tournage sans maîtriser la langue française.

Une scène, censée avoir lieu pendant une tempête en mer de Chine, avait été tournée sur la Seine, juste à côté du pont de Puteaux. J'avais dix ans et, comme c'était à deux pas de chez nous, j'avais eu le droit d'assister au tournage. Parce qu'il fallait tourner une tempête sur la mer de Chine, Ralph Baum était chargé de jeter des seaux d'eau au visage de Pierre Richard-Willm, qui était très beau (beaucoup plus beau que lui !), et à un moment donné il s'est tourné vers moi et m'a dit, en allemand bien sûr : « Tu vois, Marcel, quand tu seras grand, tu pourras avoir ce plaisir aussi. »

Dans le célèbre entretien que Max Ophuls a accordé aux *Cahiers du cinéma*, lorsque François Truffaut et Jacques Rivette se sont excusés de ne pas avoir vu *Yoshiwara*, Max Ophuls a répondu : « Faut pas. » Après la guerre, quand j'étais GI au Japon et que l'on me présentait à de vrais Japonais dans les ruines de Tokyo, je n'ai pas compris pourquoi, quand ils entendaient mon nom, ceux-ci se mettaient à rire. Au bout de quelque

1. Dans ses *Souvenirs*, mon père, qui aimait beaucoup René Clair, a dit qu'il en acceptait l'idée…

temps, on me l'a expliqué : *Yoshiwara* avait été distribué au Japon.

Mais revenons au Cours Charles-de-Foucault : un matin, Mme de Germont, la directrice, est venue dans notre classe pour annoncer qu'à partir du lendemain tous les élèves devaient se présenter en gants blancs, et elle a dit : « Mes enfants, c'est pour vous distinguer de l'école communale. » Je suis rentré ce jour-là à la maison pour dire que je ne remettrais plus jamais les pieds dans cette école. D'un commun accord, il a donc été décidé que je prendrais désormais l'autobus, le numéro 43, pour aller au lycée Pasteur, à l'époque l'un des lycées les plus prestigieux de France[1]. J'y ai passé mon certificat d'études. J'étais le chouchou de Mme Amar parce qu'il faut bien le dire, j'étais assez mignon[2]. Les résultats de cet examen, qui n'existe plus, étaient censés rester rigoureusement secrets, mais rien de ce genre ne reste bien entendu longtemps secret dans notre belle ville de Paris. Mme Amar a donc annoncé à maman que j'étais parmi les meilleurs à Paris.

L'année suivante j'ai eu droit, en section A, à un professeur du nom de Denis qui était résolument antisémite. Il n'osait pas s'attaquer à moi car j'étais déjà le fils d'un homme célèbre, mais il y avait un copain dans ma classe du nom de Nussbaum qui avait beaucoup de mal à faire ses devoirs et le professeur Denis s'acharnait sur lui. Le soir, quand je prenais le 43 pour rentrer chez moi, de temps en temps je racontais à Max Ophuls ce qui se passait dans cette classe. Il écoutait très attentivement et, parfois, il me

1. Jean-Paul Sartre y a enseigné. Simone Signoret y a fait ses études et, bien plus tard, Bernard-Henri Lévy aussi.

2. Il y a un proverbe allemand, un tantinet antisémite, qui dit : « Les petits chats et les petits Juifs. »

demandait, en allemand bien sûr : « Comment va ton ami Nussbaum ? » Ça l'amusait beaucoup parce que je prononçais ce nom à la française et qu'il avait une attitude toujours un peu moqueuse vis-à-vis de ces Juifs qui s'adaptent trop vite au pays dans lequel, plus ou moins par hasard, ils se trouvent[1].

Je ne sais pas ce qu'est devenu Nussbaum, je ne l'ai plus jamais revu.

---

1. Plus tard, quand nous habitions à Los Angeles, le Hollywood Bowl se trouvait à cinq cents mètres de chez nous, de l'autre côté de l'autoroute. Sur notre terrasse, quand le vent soufflait dans la bonne direction, nous entendions la musique. Chaque année, il y avait *I am an American Day* et Bing Crosby chantait *America, the beautiful*. Cela faisait marrer mon père en pensant à tous ces Juifs allemands qui y allaient pour entonner la chanson comme de bons et vrais Américains.

7

MAX OPHULS ET LES IDÉOLOGUES

« *Völker, hört die Signale ! Auf zum letzten Gefecht ! Die Internationale erkämpft das Menschenrecht*[1]. »

Die Internationale

« *Giovenezza, Giovenezza, Primavera di bellezza Per la vita, nell'asprezza il tuo canto squilla e va*[2] ! »

Hymne officiel du
parti national fasciste italien

Comme mentionné plus tôt, mon père était auparavant allé tourner un film dans l'Italie de Benito Mussolini[3], *La Signora di tutti.* Dans l'une des scènes les plus dramatiques du film, l'homme marié amoureux de Gaby Doriot tue sa femme infirme en la poussant dans l'escalier. À la première de gala parisienne, le grand Tristan Bernard a dit à sa femme : « Rappelle-moi, chère amie, de ne jamais te jeter en bas de l'escalier. » La belle Isa Miranda, avant, pendant et

1. Refrain de *L'Internationale* en allemand : « C'est la lutte finale, groupons-nous et demain, l'Internationale sera le genre humain. »

2. « Jeunesse, jeunesse, printemps de beauté, dans la vie âpre ton chant résonne et s'en va. »

3. Jean Renoir l'a fait aussi. Tous les cinéastes sont-ils donc des opportunistes ?

après le tournage, fut la maîtresse de Max Ophuls, qui toute sa vie a été fidèle en amitié, fût-elle amoureuse. Une quinzaine d'années plus tard, lorsque le grand Max a distribué les rôles dans *La Ronde*, il a choisi Isa Miranda pour jouer la comédienne face à Gérard Philipe.

Mais revenons à l'Italie. L'invitation initiale pour tourner *La Signora di tutti* avait été lancée grâce à l'un des plus grands chefs d'orchestre du XXe siècle, Arturo Toscanini[1]. Le maestro avait vu *La Fiancée vendue*. La liberté de ton et la grande musicalité de mon père l'avaient impressionné. Malheureusement, quand Ophuls est arrivé à Milan, Toscanini, antifasciste virulent, s'était déjà taillé à New York. Le producteur de ce film italien était le plus grand éditeur de toute l'Italie, le *signor comandatore* Rizzoli. Chaque fois qu'il venait rendre visite à Max Ophuls pendant le tournage, il proclamait fièrement : « *Facciamo una festa !* » [« Faisons une fête ! »] Le beau-fils de Mussolini était le comte Ciano, un homme fin et cultivé, créateur du Festival de Venise, où Max Ophuls a d'ailleurs remporté l'un des premiers prix. Le comte Ciano, qui avait reçu mon père à plusieurs reprises, lui avait fait grosse impression.

Après cette visite au pays des fascistes, Max Ophuls s'est rendu en terre stalinienne. J'avais dix ans et j'ai accompagné mes parents en Union soviétique. À cette époque, Max Ophuls devait être encore plus ou moins communiste. À Paris, il avait une liaison avec la fille de l'ambassadeur russe. Sur l'oreiller, cette jeune femme lui promettait monts et merveilles s'il acceptait de s'exiler dans la patrie du prolétariat.

1. Le grand ami et rival de Toscanini était Wilhelm Furtwängler, l'un des tout premiers amants de ma mère avant son mariage ; elle qui chantait faux comme il n'est pas permis !

Mon père voulait y tourner une comédie dramatique ou un Schnitzler quelconque. « Mais oui, lui disait son amourette, tout ce que tu voudras, Max, mon chéri. » Et Max Ophuls lui répondait : « Oui, ma cocotte. Mais pas de tracteur. »

Donc, un soir d'hiver, à la gare de l'Est, nous avons pris l'Orient-Express, en wagon-lit première classe bien entendu. Nous nous sommes arrêtés à Vienne – c'était avant l'*Anschluss* – où, pendant deux ou trois jours, Hilde Wall et Max Ophuls sont allés voir tous leurs amis du Burgtheater et du Tout-Vienne. Je me souviens particulièrement d'une visite chez Joseph Roth, ce magnifique romancier auteur de *La Marche de Radetzky*.

L'arrivée à Moscou ressemble dans mes souvenirs à une séquence de *Ninotchka* de Lubitsch. Mais il est vrai que, dans mon esprit, la fiction et la réalité se mélangent souvent. Il me semble que nous avons été accueillis par trois commissaires soviétiques qui nous ont menés en grande pompe dans l'appartement qui avait été loué pour Max Ophuls. Il s'agissait d'un trois-pièces en sous-sol. On ne voyait la lumière du jour que par des sous-pentes donnant sur le trottoir. Les apparatchiks avaient évidemment prévu une gouvernante-espionne pour le petit Marcel. La grande fierté des Moscovites de cette époque était le métro. Elle m'y baladait à longueur de journée. Les couloirs et les stations y étaient tout en marbre et jalonnés d'immenses chandeliers d'un goût incertain.

Dès le lendemain de notre arrivée, l'un des commissaires a accompagné mon papa au plus grand studio de cinéma de toutes les Russies, la Meschrabpom. Max Ophuls a expliqué avec enthousiasme et ardeur ce qu'il voudrait tourner en URSS. Il a été écouté avec bonhomie et compréhension puis on lui a remis un scénario… qui était plein de tracteurs.

Au même moment, les tout premiers procès staliniens ont commencé. Parmi les accusés se trouvait Radek, que mon père connaissait bien[1]. C'en était trop ! Au bout de trois mois, nous avons quitté sans regret l'Union soviétique. Après ce séjour parmi les enfants de Lénine, Max Ophuls n'a jamais plus voté communiste.

L'un des premiers films américains que Max Ophuls m'avait envoyé voir sur les Champs-Élysées était *Vous ne l'emporterez pas avec vous* de l'immense Frank Capra. Dans ce film, Lionel Barrymore dit à sa femme : « *Communism, fascism, voodooism… Everybody's got -isms these days. Things go a little bad, you go out and get yourself an -ism and you're in business* » [« Le communisme, le fascisme, le vaudouisme… Tout le monde a son -isme de nos jours. Dès qu'on a un petit problème, on se choisit un -isme, et on repart de plus belle. »]

C'est bien vrai et ça continue.

1. Karl Berngardovitch Radek, de son vrai nom Karol Sobelsohn, révolutionnaire bolchevique, dirigeant du Komintern, fut condamné à dix ans de prison au moment des purges. Il est mort dans sa cellule après avoir été battu à mort par ses codétenus.

8
SENTANT LA GUERRE VENIR

« La paix pour notre temps. »
Neville CHAMBERLAIN

« La faiblesse des bons, et la malice des méchants. »
Winston CHURCHILL

Gustave Bamberger était l'oncle préféré de Max Ophuls. Il était à la tête de Bamberger und Hertz, confection pour hommes, à Stuttgart. C'était un homme riche, cultivé et, à ma connaissance, le seul homosexuel dans cette partie-là de la famille.

À l'âge de onze ans, en 1938, ayant remarqué que l'oncle Gustave venait assez souvent à Paris et, aussi, que ça ne faisait pas toujours l'affaire de mes parents, j'avais rédigé un télégramme destiné à arriver à Neuilly le 1er avril annonçant : « Arrive gare de l'Est demain matin ; amitiés, Gustave. » Quand il ne tournait pas, mon père ne se levait jamais avant 11 heures du matin. Le télégramme arrive, ma mère le réceptionne et va le porter dans la salle de bains. Soudain, j'entends des cris de joie et des bruits d'eau et ma mère ressort dans le couloir en larmes. Car l'oncle Gustave, qui mourut à Auschwitz, était à ce moment-là à Dachau. Par ma faute, mes parents pensèrent un instant qu'il en avait été libéré. Sacré poisson d'avril ! C'est ce jour-là que mes parents ont cru utile de me parler de ces choses. Pour la première fois de ma vie, j'ai entendu parler des camps de concentration.

La même année, grâce à un sénateur radical-socialiste du nom de Henri Torrès, sans doute aussi parce que mon père, sarrois, avait fait partie des cinq pour cent de ses concitoyens qui avaient voté pour le rattachement à la France, nous sommes devenus français et nous le sommes restés.

Toujours en 1938, c'est-à-dire à peu près au même moment que les accords de Munich, Max Ophuls a pu faire un film qui lui tenait à cœur car il était adapté de Johann Wolfgang von Goethe[1]. *Werther*, ce roman autobiographique qui se termine par un suicide et avait d'ailleurs provoqué à l'époque de sa parution une vague de suicides en Europe, a été tourné dans les Vosges, d'où l'on pouvait voir la Forêt-Noire de l'autre côté du Rhin. Pierre Richard-Willm y était bien entendu un peu trop vieux et la photo, une fois de plus, était de Schufftan. Charlotte était jouée par une merveilleuse jeune comédienne, Annie Vernay, qui avait un grand avenir, mais qui est morte quelques années après. Jean Galland jouait Albert, ce qui ne l'a pas empêché de collaborer un peu beaucoup ensuite avec le régime de Vichy, et ce qui n'a pas empêché non plus Max Ophuls de le remployer plus tard pour interpréter « le masque » dans *Le Plaisir*.

L'année suivante, en 1939, Max Ophuls réalisa mon film préféré de la période française : *Sans lendemain*, le bien-nommé. Pendant la préparation, mon père, avec André-Paul Antoine (l'un des scénaristes), se trouvait, en hiver, dans une minuscule station de ski en Haute-Savoie qui

1. Qu'il appelait toujours *der Herr Gemeinrat*.

s'appelle Notre-Dame-de-Bellecombe. Cinq cents mètres plus bas, le lycée Pasteur avait installé un camp de vacances. Pour la Saint-Silvestre, Max Ophuls[1] avait pris rendez-vous avec son fils. À l'heure dite, une heure avant minuit, il vint me chercher en traîneau à cheval. Nous étions couverts de peaux d'ours. C'était une nuit étoilée magnifique ! Et sur ce champ de neige, il m'a dit à peu près ceci : « Tu sais, Zewen, que ta mère et moi nous ne sommes pas croyants, mais il est temps pour toi, je pense, de réfléchir si tu ne voudrais pas prendre quelques cours de religion. Peut-être avec un rabbin ? Peut-être avec un pasteur protestant, comme ta mère ? Ou alors pourquoi pas avec un prêtre catholique ? »

Tout ça était un coup monté, une manipulation splendide. Tous les grands cinéastes sont des manipulateurs, autrement ce ne seraient pas des grands cinéastes, voyons ! Je n'ai su que des années plus tard qu'il avait déjà pris contact avec l'aumônier du lycée Pasteur, l'abbé Lelievre, un homme formidable, grand blessé de la guerre de 14 avec un gant de cuir à la main droite. Et pourquoi mon père avait pris cette décision ? Parce qu'il savait que la guerre allait venir, qu'elle serait perdue et qu'il fallait envisager l'éventualité de devoir cacher son fils. J'ai donc fait mon baptême et ma première communion la même année à l'église Saint-Pierre-de-Neuilly[2].

C'est à peu près à cette période que mes parents ont voulu acheter une petite maison à la campagne. Dans sa Ford décapotable, Max Ophuls s'était mis en tête de trouver quelque chose près de Beauvais, une région remplie de champs de betterave, où l'on fabriquait du sucre. On est en

---

1. Qui ne savait pas skier, ni nager non plus d'ailleurs.

2. Pendant quelques années, j'ai été très croyant, jusqu'à ce qu'à Hollywood un prêtre très pâle et très maigre eût voulu m'interdire la lecture de Voltaire et de Rousseau.

droit d'estimer que le Vexin n'est pas la plus belle région de France. Un dimanche, nous nous sommes arrêtés devant un sinistre bistrot construit en brique plutôt sale où il y avait un panneau « à vendre ». C'était dans un trou qui se nomme Bachivilliers. Max Ophuls a insisté pour visiter cet endroit et il nous a annoncé : « C'est cette propriété que nous allons acheter. » Aussitôt dit, aussitôt fait. Une fois de plus, ma pauvre mère était chargée de rendre cette ferme *gemütlich*. Dans le petit jardin mal entretenu, il y avait des rats de plusieurs couleurs et aussi gros que des chats adultes. On leur posait des trappes et la nuit on entendait leurs cris quand ils étaient guillotinés.

Deux ou trois fois, j'ai fait l'aller-retour en vélo depuis cette maison de campagne jusqu'à la rue Ernest-Deloison à Neuilly. Ma mère et moi y séjournions lors de l'invasion allemande du 10 mai 1940 en Hollande et en Belgique. Nous avons donc eu droit aux premiers réfugiés qui dormaient dans notre salle de séjour et dans notre cuisine sur le carrelage. Plusieurs fois, Hilde Wall et moi avons pris refuge dans le jardin parce que nous étions survolés par des stukas, qui mitraillaient ces réfugiés.

À ce moment-là, mon père, qui était âgé de trente-neuf ans, était déjà troufion dans les tirailleurs algériens au camp d'Avord, près de Bourges.

Bon, mais revenons un peu en arrière.

Mon père n'a jamais entièrement payé cette nouvelle propriété. Comme dans la plupart des pays démocratiques, en temps de guerre, il y a un *moratorium* pour les soldats et leurs familles, ce qui veut dire que le chef de famille, une fois mobilisé, n'a plus besoin de payer ses dettes. Après la guerre, nous avons essayé de récupérer cette toute petite propriété. En vain ! Il s'est révélé que la maison de Bachivilliers appartenait à l'actrice Junie Astor qui, semble-t-il, avait très bien connu mon père, trop bien connu sans doute. L'affaire est donc passée devant le tribunal de Beauvais et le même juge qui avait attribué la maison à la famille Astor pendant l'Occupation a redonné raison à la même famille.

Cela explique-t-il pourquoi Max Ophuls, ce jour de 1939, s'était arrêté devant ce malheureux café ? Je le crains[1].

---

1. Dans le si célèbre « Départ des vedettes pour l'Allemagne », en 1942, Junie Astor faisait partie de l'expédition à côté de Danielle Darrieux et d'Albert Préjean.

9

AFFAIRES DE FAMILLE

> « Les souvenirs de l'Histoire ne sont pas les souvenirs de faits réels, mais les souvenirs de votre imagination des faits. »
>
> Tony Judt

On est en droit de se demander si j'ai été un bon père – ce qui est peu probable –, si j'ai été un bon fils – ce que je crois –, si j'aime ma femme – ce qui est certain. En tout cas, je ne suis pas un adepte de ce qu'on nomme, avec beaucoup d'hypocrisie et de mauvaise foi, les valeurs familiales. Je préfère, et de très loin… le cinéma.

« Tu sais, Zewen, me disait mon père vers la fin de sa vie, tu es mon meilleur ami depuis la mort d'Alex. » Y a-t-il un plus beau compliment qu'un père puisse adresser à son fils ? L'amitié est bien plus importante que l'esprit de famille. Max Ophuls n'a pas laissé de testament, mais il était insomniaque et, une nuit à Hollywood, il a écrit avec un stylo Bic de sa merveilleuse écriture difficilement lisible : « *Du bist ein feiner Kerl. Bleib wie du bist.* » [« Tu es un type très bien. Reste comme tu es. »] Et en *post-scriptum* : « Si je devais te laisser quelque héritage, ce qui me semble peu probable, défense de l'investir dans le cinéma[1]. »

1. Il disait aussi : « Les Ophuls, fiston, ne publient pas à frais d'auteur. »

Du côté de Max Oppenheimer, alias « Ophuls », il y a une très grande famille juive, dont les membres sont en général riches, et même très riches. Mon grand-père, le brave Léon Oppenheimer qui était social-démocrate et sarrois, s'est installé, à partir de 1933, dans un petit pavillon à Vaucresson, en région parisienne. Ma mère et moi allions souvent le voir. Il avait commencé comme petit tailleur, fils de rabbin, en Forêt-Noire, et avait eu le bon sens d'épouser la fille du patron. Comme son fils et son petit-fils, il était coléreux. Je me souviens qu'il gueulait sans arrêt et sa tête devenait toute rouge : « *Diese Scheissnazis, diese grauenhaften Menschen.* » [« Ces nazis de merde, ces êtres épouvantables. »] Je n'aimais pas ma grand-mère et Max Ophuls non plus ; elle se plaignait tout le temps et à propos de tout. Pendant les déjeuners, quand le vieux Léon mangeait, elle lui disait : « *Schmatz nicht so, Mann.* » [« Bon sang, ne mâche pas si bruyamment ! »] Et comme il était sous la pantoufle, il ne répondait rien et continuait de gueuler. Tous deux étaient diabétiques et ce sont des religieuses[1] d'Aix-en-Provence qui les ont cachés pendant les années sombres, mais il n'y avait pas d'insuline et ma grand-mère, paix à son âme, en est morte. Quant au vieux Léon, je l'ai revu en 1948 et j'ai pu constater à quel point il ressemblait à mon père. Il marchait avec une canne car on lui avait coupé la moitié de sa jambe. J'ai su plus tard qu'après la mort de sa femme, il avait entretenu une liaison avec une autre vieille dame de sa maison de retraite.

Mais je dois aussi évoquer la famille allemande de ma chère Régine. Pendant le tournage de *Lola Montès*, je me souviens d'une promenade en vélo que nous avons faite

1. Des Justes, comme dirait Simone Veil.

ensemble en Haute-Bavière pendant un week-end. Durant notre conversation, elle s'est tournée vers moi et m'a dit : « *Aber die Ehre der Wehrmacht darfst du nicht in Zweifel ziehn.* » [« Mais tu ne dois pas remettre en doute l'honneur de la Wehrmacht. »] Son père, Gotthilf Ackermann, était un fils d'agriculteur, issu d'une famille de douze ou treize enfants (ah, les familles nombreuses !), et, lui aussi, avait épousé une femme riche, ma belle-mère, très belle dans sa jeunesse, peut-être encore plus belle que Régine, mais que je n'aimais pas[1], fille des Josenhans, fabricants de linge de très bonne qualité à Bielefeld.

Mon beau-père Gotthilf et sa femme étaient anthroposophes, une secte extrêmement puissante et assez secrète dans le monde[2]. Dans leur jeunesse, les anthroposophes, des présoixante-huitards, prônaient l'amour libre. Mes beaux-parents n'étaient pas inscrits au parti national-socialiste parce que celui que Max Ophuls appelait toujours « *selige Herr Reichskanzler* » [« feu monsieur le chancelier du Reich »] n'admettait pas la concurrence, notamment celle de la secte des anthroposophes. Lorsque Hitler est venu à Stuttgart avant la guerre, mes beaux-parents ont interdit à leurs enfants d'aller l'acclamer[3]. En revanche, la sœur aînée de Régine, « *meine Schwester Magret* », était inscrite au Parti. Elle a passé cinq ans après la guerre dans un camp de prisonniers en Russie.

---

1. On n'aime pas forcément ses belles-mères.

2. Leur prophète est Rudolf Steiner, un Viennois à la mine sombre, sans aucun humour apparent sur ses photos, contemporain de Sigmund Freud, de Stefan Zweig et de Joseph Roth, qui avait de très bonnes idées, non pas sur l'architecture (horrible !), mais sur l'agriculture et l'éducation. Une subdivision à laquelle appartenaient mes beaux-parents se nomme « *die Christengemeinschaft* », littéralement « la communauté chrétienne », comme quoi on peut adorer plusieurs prophètes en même temps.

3. « Nazi ? Mais qu'est-ce que cela veut dire au juste, nazi ? » Klaus Barbie, dans l'avion le ramenant en France, à un journaliste bolivien.

Néanmoins, elle aimait les Russes. Elle avait aussi des problèmes d'ordre sexuel. C'était une femme profondément timide qui habitait un petit village en Souabonie. Lorsqu'elle m'appelait au téléphone de temps en temps, elle avait toujours du mal à s'exprimer. Un jour, je l'ai eue au bout du fil et elle m'a expliqué en termes très clairs ce que c'était pour elle que la religion. Le lendemain, un dimanche, à l'église, pendant la messe, elle est tombée morte.

« *Meine Schwester Lachs*[1] », qui s'appelle Hildegard, était mobilisée dans la réparation de bagnoles et donc des chars d'assaut. C'est la seule, je crois, de la famille de Régine qui a pleinement réussi sa vie. Encore une *deutsche Hausfrau* ! Chez elle, à Stuttgart, il y avait toujours vers 16 heures le *Kaffee und Kuchen*[2], faits à la maison. Son mari, Wolfgang, mort depuis longtemps, a eu les pieds gelés pendant la campagne de Russie. Lachs admirait toujours mes pieds qui n'ont jamais été gelés, et qui sont effectivement très beaux.

Le frère de Régine, Reinhart, mort d'un cancer il y a deux ou trois ans, avait lui aussi épousé une femme riche et anthroposophe, Lili, et il était devenu un agriculteur en Haute-Bavière dans une région superbe. Lui aussi était père de famille nombreuse. Ma nièce préférée se nomme Berbel et ressemble beaucoup à Régine, physiquement et mentalement. Quand elle avait cinq ou six ans, c'était déjà une femme libre.

Reinhart était nazi et avait combattu pour le Führer dans la division Hermann Göring[3]. Il avait donc fait toute la campagne de Russie et il est peu probable qu'il n'ait pas assisté

1. Ah, les surnoms. Dans sa famille, Régine s'appelle Rex, qui est pour moi un nom de chien.

2. Le goûter, en Allemagne, composé de café et de gâteaux.

3. Dans mon dernier film, *Un voyageur*, j'ai dit par erreur qu'il était dans les Waffen SS chars d'assaut. C'était une erreur dont je m'excuse, qui a causé

à des arrestations et des exécutions par les *Sonderkomandos*. Puis, en 1943, après Stalingrad, il a été fait prisonnier en Italie du Nord où il aurait pu rester tranquillement en attendant la fin de la guerre. Pour l'amour du Führer, il s'en est échappé.

Au sein de cette famille, mon souvenir le plus douloureux fut les funérailles de ma belle-mère à Stuttgart. En arrivant, Reinhart avait insisté pour que Régine et moi nous mettions au premier rang. J'ai protesté tant que je pouvais : « Mais non, voyons ! C'est à toi d'y être. » On n'insiste pas longtemps dans ce genre de situation. Le pasteur ressemblait à Roland Freisler, le juge qui a fait pendre les conspirateurs du 20 juillet 1944, et dans son discours il prononça ces fortes paroles : « *Sie war für das Deutschtum ihr ganzes Leben lang*[1]. » [« Elle a été pour la germanisation toute sa vie. »] À la sortie de cette sinistre cérémonie, il y avait deux groupes : l'un autour de Reinhart et de sa famille où s'était placée ma fille Danielle, l'autre autour de Régine, très gênée, et de sa sœur Hildegard, elle aussi très gênée. Nous nous regardions de loin, en chiens de faïence. Après cela, je n'ai jamais jugé utile de revoir Reinhart.

Était-ce un coup monté ? Sincèrement, je le pense. De retour à l'hôtel, j'ai téléphoné à mes filles Catherine et Jeanne et je leur ai raconté ce qui venait de se passer. Toutes les deux ont répondu la même chose : « Tu sais papa, je n'aimais pas beaucoup ma grand-mère[2]. »

---

un mini-scandale dans la famille parce que selon elle il y avait une différence essentielle. Franchement, je ne le crois pas.

1. Toute sa vie ? Donc avant, pendant et après Hitler ?

2. Au Père-Lachaise, au crématorium, à la mort de ma mère qui avait été une grand-mère merveilleuse, mes trois filles, sans une larme, étaient alignées en rang d'oignon, comme si elles avaient été convoquées chez le proviseur d'un lycée pour être punies. Cela aussi m'est inoubliable, mais j'aime beaucoup mes filles.

10

DEUXIÈME EXODE

« Je tire ma révérence / Et m'en vais au hasard / Sur les routes de France/De France et de Navarre... »

Jean SABLON

Le jour du début de la Seconde Guerre mondiale, Max Ophuls tournait les derniers extérieurs d'un film intitulé *De Mayerling à Sarajevo* dans une petite ville au sud de Lyon qui s'appelle Romans. Il s'agissait d'un film très romancé sur l'assassinat de l'archiduc François-Ferdinand et de la comtesse Chotek à Sarajevo, avec Edwige Feuillère et un jeune aristocrate américain du nom de John Lodge[1]. Toute la petite ville contribuait au tournage de ce fort bon film et l'assassinat de François-Ferdinand ressemble, quand je revois le film de temps en temps, à un merveilleux documentaire[2]. Au moment où Gavrilo Princip appuie sur la détente, celui qui interprétait le personnage n'était déjà plus le petit acteur qui avait tourné dans une scène précédente en studio. C'était le deuxième assistant qui s'appelait Jean-Paul Dreyfus,

1. Plus tard ambassadeur des États-Unis en Espagne.

2. On est en droit de se demander quand le XXe siècle a commencé. Assez tardivement, me semble-t-il : ou bien sur le *Titanic* ou bien à Sarajevo.

connu plus tard sous le nom de Jean-Paul Le Chanois, communiste et qui a pourtant tourné sous l'Occupation pour la Continental[1].

Ce jour-là donc, c'était la mobilisation générale. L'un après l'autre, les techniciens et les acteurs retournaient à Paris et, parmi eux, Max Ophuls, tout récent Français, qui a tout de suite été recruté par la IIIe République d'Édouard Daladier et affecté à un régiment qui, certes, n'était pas un régiment d'élite, au camp d'Avord.

Mon père, à trente-neuf ans, n'avait jamais manié un fusil et obéi à des ordres, d'où qu'ils viennent. Il n'avait jamais, depuis sa plus tendre enfance, fait non plus son propre lit. Dans son enfance, c'était la tâche des domestiques. À partir de l'âge de dix-huit ans, c'était celle de jeunes étudiantes, puis de belles actrices, ensuite ce fut celle de ma mère. Au camp d'Avord, c'était celle de ses voisins de baraque. À sa gauche, il y avait un professeur juif de l'université de Strasbourg. À sa droite, il y avait un maquereau marseillais. Ce sont eux qui, avant le passage de l'adjudant, lui faisaient son lit. Le Marseillais, bien entendu, lui fournissait la liste de tous les bordels de France. Quant au professeur, on peut supposer que, la nuit, pour passer le temps, ils se disaient des choses intéressantes. Qu'est-ce qu'en pensait le mac ? Va savoir[2] !

Pendant les week-ends, Max Ophuls remontait à Paris dans sa Ford décapotable parce que les officiers, faveur donnée à l'homme célèbre qu'il était déjà, lui accordaient des permissions. Il faut dire qu'à chaque fois il emmenait l'un de ses officiers, dont le merveilleux capitaine Carton

---

1. Il devient un personnage plutôt héroïque dans un film que je n'aime pas beaucoup de mon ami Tavernier.

2. Le camp d'Avord a été lourdement bombardé par la suite et le proxénète y a perdu la vie.

que j'ai connu après la guerre et qui était le premier des Justes à nous avoir sauvé la vie[1], en fabriquant un faux ordre de mission nous permettant de fuir la Wehrmacht, en direction des Pyrénées.

Comme d'habitude, Max Ophuls ne remontait pas à Paris pour ne rien faire, ni d'ailleurs pour voir sa famille. Il enregistrait, en allemand, des émissions antinazies sur ondes courtes, au Poste Parisien, et dans un auditorium qui s'est révélé avoir été, avant guerre, un célèbre boxon[2].

Il y avait une émission avec la voix de mon père qui passait tous les soirs à minuit : « *Guten Abend, Herr Reichskanzler. Sie haben es sicher schwer zu schlafen. In solchen Fällen zählt man im algemeinen Schäfe, aber sicher nicht Sie. Warum zählen Sie nicht zum Beispiel die Länder die Sie erobert haben, die Opfer die Sie getötet haben ?* » [« Bonsoir, monsieur le chancelier du Reich. Vous avez sans doute du mal à dormir. Dans ces cas-là, il est conseillé de compter des moutons, mais certainement pas vous. Pourquoi ne compteriez-vous pas, par exemple, les pays que vous avez

1. Au sujet des Justes, pour la plupart d'entre eux, et ils ont été des millions de Français, je crois que l'on peut dire qu'en général ils n'ont pas besoin de médaille car ils pensaient tout simplement faire leur devoir. Comme le rappelle Me Badinter, ce grand avocat qui a fait abolir la peine de mort en France, la notion de Justes a été une initiative du gouvernement israélien après la guerre. Mon ami Pierre Sauvage a fait un très beau film documentaire sur Chambon-en-Lignon où tout le village, protestant, a caché des enfants juifs.

2. Ces émissions étaient supervisées par Jean Giraudoux. Y ont participé ce futur grand résistant de Pascal Copeau, mais aussi Françoise Rozay, l'amie intime de ma mère, et le cardinal Verdier, archevêque de Paris. Mon père racontait que le jour où le cardinal est arrivé pour enregistrer son message aux catholiques allemands, on avait mis des tentures grises sur toutes les peintures érotiques du bordel. Quand l'émission fut terminée, le cardinal s'est tourné vers l'ingénieur du son et lui a dit : « Excusez-moi, mon cher ami, pourriez-vous me montrer ce qu'il y a derrière ces rideaux ? Je n'ai jamais été dans un bordel. »

envahis, les victimes que vous avez tuées ?... »] Le disque durait exactement cinq minutes.

Cette émission, je le sais aujourd'hui, a été écoutée par des millions d'Allemands et, un jour, Hans Fritzsche, le porte-parole du Dr Goebbels, lui a répondu par le biais d'une émission de radio allemande : « Juif Oppenheimer, nous savons qui vous êtes et, croyez-moi, lorsque nous arriverons en France, nous nous occuperons de vous[1]. »

1. À Nuremberg, Fritzsche, à juste titre, a été acquitté, puisqu'il n'était que le sous-fifre de Goebbels qui s'était suicidé dans le Bunker avec toute sa famille.

11

COMMENT SE SORTIR D'UN PIÈGE

« Pourquoi ne pas regarder au loin lorsqu'on se trouve dans un coin ? Ailleurs aussi, il peut faire bon, et j'suis ici de toute façon. »

Wilhelm BUSCH

Certains prétendent que Max Ophuls aurait tourné quelques plans dans les Pyrénées, avec la Légion étrangère[1] – « Tiens, voilà du boudin, voilà du boudin, taratata » –, et qu'ensuite il s'en serait débarrassé en jetant les bobines dans une cascade. Drôle d'histoire ! En tout cas, le témoin qui vous parle, cher lecteur, n'en garde aucun souvenir. Qu'est-ce que

---

1. En parlant des Pyrénées, je pense ici au grand producteur Pierre Braunberger, qui était d'ailleurs tout petit, fuyant l'ennemi en pleine neige pour passer en Espagne en compagnie de Robert Dorfmann. Poursuivi par des chiens, il est allé se réfugier dans un arbre et a commencé, lui qui n'était guère croyant, une prière à Jéhovah. « Si tu me sors de là, a-t-il dit, je mangerai casher le restant de ma vie. » Dieu le père a répondu à cette prière et Pierre a donc mangé casher le restant de sa vie. Cette histoire m'a été confirmée par ma merveilleuse amie Laurence Braunberger, qui a hérité du catalogue de son père. Tiens, à propos de Pierre Braunberger, une autre histoire, peut-être apocryphe mais qui m'a été racontée par Pierre Kast, grand résistant, et par Jacques Doniol-Valcroze, tous deux membres de la nouvelle vague et que j'ai connus par la suite à la Société de réalisateurs de films : Braunberger, paraît-il, était tellement radin que, s'apercevant en pleine conversation qu'il était en train de faire un chèque, il s'est ravisé et a bouffé le papier. Cette histoire-là, je n'en ai jamais parlé à Laurence.

le soldat Ophuls aurait bien pu faire là, alors que le maréchal Pétain était déjà au pouvoir ? Mystère et boule de gomme !

Une semaine après l'armistice, nous nous sommes logés à Aix-en-Provence, juste au-dessus du cours Mirabeau, au Family Hôtel, auberge bien nommée. J'y ai appris à faire la différence entre les punaises et les poux qui habitaient avec nous dans une pièce d'une dizaine de mètres carrés. Par la seule et unique fenêtre, on pouvait voir tout ce qui se passait sur l'une des plus belles avenues de toute la Provence. Il y avait aussi, un peu à gauche, un cinéma qui exposait sur deux étages l'affiche du *Juif Süss*[1].

Qu'a fait Max Ophuls de sa belle Ford décapotable, avec ses sièges en cuir rouge ? Sans doute l'a-t-il vendue pour payer notre petit palace[2]. De la pièce voisine, la cloison étant mince, on pouvait écouter un vieil avocat juif autrichien raconter à sa femme ses allers-retours entre Aix et Vichy, où il cherchait à se procurer un visa de sortie. Pour passer le temps, mon père imitait sa voix en dialecte viennois[3].

---

1. Film de Veit Harlan, 1940. Un jeune critique italien, au Festival de Venise, en avait fait l'éloge. Son nom ? Michelangelo Antonioni…

2. Et à propos de palace, ma tante Bemme et l'oncle Otto logeaient à Aix à l'hôtel du Roy René, le meilleur de toute la ville. On pouvait déjà y rencontrer des officiers fascistes et même des nazis, en grand uniforme, comme dans *Lacombe Lucien*, ce film ambigu que je n'aime pas du tout, de mon regretté confrère et ami Louis Malle. Cet été-là, ma tante y a rencontré un bel Italien du nom de Romano, qui a sorti toute sa famille du guet-apens en franchissant les Pyrénées en Mercedes, drapeau italien flottant gaiement au vent, et en cachant l'oncle Otto dans le coffre arrière, avec tout leur pognon. Arrivé au Ritz de Madrid, le *signor* Romano a déclaré froidement : « Eh bien voilà, mes chers amis. À présent, il s'agit de me remettre 50 % de ce petit magot, ou bien je vous dénonce à la police du général Franco. » Max Ophuls a écrit une petite nouvelle à ce sujet. Elle doit encore se trouver quelque part dans mon grenier.

3. Cher lecteur, connaissez-vous cette histoire assez cruelle ? Un matin, deux Juifs font la queue devant l'ambassade américaine. L'un dit

Max Oppenheimer dit Ophuls, faisait bien sûr lui aussi l'aller-retour entre Aix-en-Provence et Vichy. Un soir, en gare de Vichy, dix minutes avant le départ du train, une voix dans le haut-parleur a gueulé : « Soldat Oppenheimer, venez vous présenter tout de suite au commissariat de la gare. » « *Ach mein Gott*, s'est dit mon papa, ça y est, les carottes sont cuites ! » Il s'est présenté au lieu dit, où ça grouillait de flics et de militaires, et un sergent en uniforme lui a simplement remis son passeport. Max Ophuls oubliait toujours tout, partout.

En été, à Aix, les vieux platanes offrent de la fraîcheur partout. Au café des Deux Garçons, on retrouvait un peu l'ambiance des Champs-Élysées. On pouvait notamment y rencontrer, à l'heure de l'apéritif, quelques célébrités, comme Louis Jouvet et toute sa troupe, Madeleine Ozeray, Christian Bérard, Mme Raymone, mais aussi Blaise Cendrars. Ma mère n'y était que rarement, car elle était enceinte (à quarante-six ans), mais j'y accompagnais souvent mon père. Madeleine Ozeray, blonde et fragile, était toujours à côté de Jouvet. On bavardait de tout, mais surtout de théâtre, de cinéma et de politique. Avant la guerre, Max Ophuls connaissait sans doute peu l'immense Jouvet. Ils ne boxaient pas encore dans la même catégorie.

Tandis que maman accouchait d'un enfant mort-né chez les bonnes sœurs – j'aurais eu un petit frère, de treize ans mon cadet –, mes parents m'avaient envoyé dans une pension de famille à côté de Marseille pendant quelques semaines. Pour des raisons encore mystérieuses pour moi aujourd'hui, ils ne m'avaient jamais mis au courant des choses du sexe. Max

à l'autre : « Il paraît qu'il y a un vice-consul qui vend des visas pour cinq cents dollars. – Vraiment ? Ah, mais c'est très intéressant. Pour partir où ? À Bornéo. – C'est quand même assez loin, ça ! – Loin d'où ? »

Ophuls, peut-être par manque de temps, et maman, par un reste de pruderie. Dans cette pension, il y avait le fils d'un diplomate espagnol, grand et maigre, au teint olive, qui se mit à me raconter des histoires dignes du Divin Marquis[1]. Terrorisé, un jour à midi, je fondis en larmes, et descendis quatre à quatre l'escalier pour aller me plaindre aux clients qui étaient tranquillement en train de déjeuner. Toute la salle, je m'en souviendrai toujours, s'est mise à rigoler. L'esprit gaulois, sans doute...

Deux jours après, c'est Louis Jouvet, tout seul, qui est venu me chercher. Dans le train du retour, il était assis en face de moi. Il portait un costume gris clair, avec la rosette à sa boutonnière. Je n'ai pu m'empêcher de lui raconter ce que je venais de vivre. Il m'a écouté d'un air grave, mais je ne me souviens plus de ce qu'il a bien pu me dire. C'est dans ce compartiment de train que je me suis aperçu que c'était un homme profondément timide.

Peu de temps après, M. Jouvet, avec toute sa troupe, nous a permis de quitter le Family Hôtel pour la Suisse. Peu à peu, au fil des conversations, le grand acteur et le cinéaste étaient tombés d'accord pour trouver qu'il convenait, et de toute urgence, de porter à l'écran *L'École des femmes*. L'idée de mon père était de montrer ce qui se passait aussi bien sur scène qu'en coulisses. Fort bien ! Le film commençait, comme si souvent chez le grand Max, par un long travelling[2]. Bien entendu, nous étions tous logés au meilleur hôtel de Genève, l'hôtel des Bergues[3]. C'est là que, dès le premier jour de tournage, le scandale a éclaté : Louis Jouvet s'est aperçu que l'amour de sa vie,

1. Que je ne trouve pas divin du tout. Pruderie ou bon sens ?

2. Jean-Luc Godard, Freddy Buache et bien d'autres ont longtemps essayé de retrouver ce fameux travelling. Peine perdue !

3. Qui est toujours le meilleur hôtel de la ville.

la belle et fragile Madeleine Ozeray, le trompait avec mon père, son nouvel ami[1].

Après la guerre, Louis Jouvet a été le tout premier comédien auquel Ophuls a pensé pour jouer l'écuyer dans *Lola Montès*. Mais il n'était, pour le grand acteur, pas question d'accepter. Plus tard, pour le film sur Modigliani, le producteur Henry Deutschmeister a forcé le grand Max, déjà lourdement cardiaque, à prendre Henri Jeanson comme dialoguiste, qui était le meilleur ami de Jouvet. Mon père et Jeanson se détestaient, pour toutes sortes de raisons… Au bout de deux ou trois semaines de travail ensemble, à la Ferme Saint-Siméon d'Honfleur, les deux hommes tombèrent dans les bras l'un de l'autre[2].

Mais repartons sous l'Occupation. Après la rupture avec Jouvet, comme nous n'avions pas un rond, nous avons dû, très vite, changer de crémerie. Bien entendu, je ne savais pas du tout pourquoi. À ma connaissance, mon papa ne prenait que très rarement des vacances, et dans cette situation particulière, il fallait trouver du travail le plus rapidement possible. À Zurich, au Schauspielhaus, se trouvaient plusieurs de ses copains de la république de Weimar : la grande Therese Giehse, Thomas Langhoff, Karl Paryla et bien d'autres. En route donc pour Zurich !

De leur côté, le Maréchal et ses sbires, pour le rayonnement de la patrie, entre Montoire et le décret d'octobre contre les Juifs, avaient formé le projet grandiose d'envoyer toute la troupe de Jouvet se produire sur les planches un peu partout dans le monde encore neutre.

1. Dans ses Mémoires, Madeleine appelle mon père M. Frosch (Grenouille) parce qu'il est vrai qu'il avait les yeux un peu proéminents. Et dans ses souvenirs, il avait aussi des yeux bleus, ce qui n'était pas du tout le cas.

2. *There's no business like show business, like no business I know !*

Juste au-dessus du Bellevue Platz, presque en face du café Odéon où Lénine, pendant ses quelques années d'exil, venait boire son café, il y avait une pension de famille sans poux ni punaises. Max Ophuls a très vite mis en scène deux pièces au Schauspielhaus, dont *Roméo et Juliette* avec Karl Paryla en Roméo déjà un peu trop vieux et qui, en dehors des répétitions, essayait de m'enseigner le banjo.

Pendant l'hiver, mes parents m'ont envoyé à Adelboden, dans l'Oberland bernois, à 1 500 mètres d'altitude, où il y avait des colonies pour gosses de privilégiés[1]. Tante Luggi Degermann, la directrice de l'endroit, était une femme merveilleuse. Après le déjeuner, bien entendu, il fallait faire la sieste. Je me rappelle qu'allongée à côté de moi, une petite blonde d'une dizaine d'années qui ressemblait à Heidi et portait des nattes m'a appris à en tresser, ce que je sais encore faire aujourd'hui. C'est aussi chez tante Luggi, au Kinderheim Sonnenrain, que j'ai appris à nager[2], à faire du ski, le seul sport que j'ai un peu pratiqué pendant ma très longue vie.

Au Kinderheim, il y avait d'autres pensionnaires. Je me souviens surtout de Horst, qui avait mon âge, et dont le père était un grand industriel nazi. Quand nous faisions du

---

1. « Les jolies colonies de vacances, merci papa merci maman. Tous les ans, je voudrais que ça recommence. » Pierre Perret

2. Maman était une grande nageuse. Pendant que Max Ophuls la trompait avec Isa Miranda sur le tournage de *La Signora di tutti*, nous passions l'été, une fois de plus, dans une petite pension de famille à Anzio. Là où quelques années plus tard, les Américains ont débarqué en Italie. Elle avait pris un amant du nom d'Alfredo qui avait de belles moustaches. Elle lui avait demandé conseil sur ce qu'il fallait faire pour m'apprendre à nager et ce bel Italien lui avait dit : « Tu n'as qu'à l'amener en barque jusqu'à ce que l'on ne voie plus la plage et, ensuite, le jeter par-dessus bord. Il apprendra tout de suite à nager. » Aussitôt dit, aussitôt fait. J'avais sept ans et je me souviendrai toujours que sous l'eau, je ne pensais qu'à une chose : ma mère essaye de me noyer. Quand je suis remonté à la surface pour la troisième fois, maman m'a sauvé de la noyade. Fini, Alfredo.

patin à glace, il portait un couvre-chef tel que la Wehrmacht en portait en Russie. Horst avait, semble-t-il, des dons de prestidigitateur, car sur la glace, il mettait son pouce dans sa bouche et le couvre-chef lui remontait sur le front. Il était, bien évidemment, dans les Jeunesses hitlériennes[1]. Avons-nous parlé politique Horst et moi pendant ces deux mois ? Franchement, je ne le crois pas.

Au bout de quelques semaines, tante Luggi nous a présenté un nouvel arrivant : il était très grand, assez maigre et un peu demeuré. J'étais, à cette époque, un peu le chef de bande. Aujourd'hui encore, il m'arrive d'avoir mauvaise conscience à cause de ce garçon. Et ce n'est sans doute pas un hasard si j'ai oublié son nom. Nous l'avons taquiné et souvent persécuté jusqu'au moment où tante Luggi m'a pris à part et expliqué, sans doute assez longuement, ce qu'est un handicapé mental. Suite à cela, nous sommes devenus les meilleurs amis du monde.

Après mon mariage, Régine et moi avons amené nos filles une ou deux fois chez tante Luggi. La première fois, j'ai sonné à la porte du chalet, elle a ouvert et elle s'est exclamée : *Ah, der Marcel !* Comme elle était vraiment très suisse, elle m'a confié deux minutes après que mon père lui devait encore une trentaine de francs.

Toute ma vie, Adelboden est resté pour moi un havre de paix devant le reste du monde. Encore plus ou moins récemment, je veux dire pendant le tournage de *Veillées d'armes* (1994), lorsque j'entrais et sortais de Sarajevo, je me réfugiais à Adelboden, parce que je m'y sentais, et que je m'y sens encore, protégé.

1. Ma femme, Régine, a été aussi dans les Jeunesses hitlériennes, ainsi que l'avant-dernier pape, Benoît XVI. Ça ne veut absolument rien dire.

12

LA NEUTRALITÉ, OU COMMENT SE SORTIR D'UN PIÈGE UNE DEUXIÈME FOIS

« *Das Boot ist voll*[1]. »

Général DUNAN (1940)

En 1940, mes parents n'aimaient pas vraiment les Suisses. Dans les cafés et les pâtisseries de la place Bellevue, ces gens-là continuaient à se gaver de crème fouettée et de chocolat, et Max Ophuls imitait les conversations entre des Suédoises et des Helvétiques qui se plaignaient des restrictions pour en attribuer la cause aux belligérants[2]. Au printemps, le visa de visiteur de Max Ophuls est arrivé à expiration. Pour le prolonger, il aurait fallu que mon père se porte déserteur de l'armée française. Contrairement au général de Gaulle qui s'en fichait comme de l'an quarante et tout comme Pierre Mendès France, il ne le voulait pas. Il a donc fallu plier bagage une fois de plus.

---

1. « La barque est pleine. »

2. Il existe à ce sujet un très bon film de mon ami Markus Imhoof, *Das Boot ist voll*. Il est vrai que les Suisses, entre 1940 et 1945, ont refoulé beaucoup de Juifs à leurs frontières. Ils avaient aussi des camps d'internement. Il y a eu des morts, par exemple le très grand chanteur d'opéra qui était un nain juif, Joseph Schmidt : « *Das ist der größte Tag in meinem Leben.* » [« C'est le plus beau jour de ma vie. »]

Pour ne pas nous faire remarquer[1], nous avons pris un petit train qui passait par Pontarlier. Nous y sommes arrivés vers 22 heures. Il fallait changer de train. La place de la gare n'était plus du tout éclairée et nous avions très faim. Sur cette place, il y avait un tout petit bistrot. La patronne est venue nous voir pour la commande et nous a dit : « Bonsoir, messieurs dames, il me reste quelques œufs et des petits pois. Est-ce que je peux vous faire une petite omelette au jambon ? » Plus tard, à Hollywood, quand ma mère racontait cette histoire, elle fondait en larmes. Et moi aussi, en la racontant[2]. Nous sommes donc revenus à Aix-en-Provence. Mais cette fois-ci, il restait encore un peu de pognon. Nous nous sommes installés à la Villa Noël avec vue imprenable sur tout Cézanne, un des peintres préférés de mon papa.

Le printemps sentait la lavande et la course aux visas entre Aix et Vichy a repris de plus belle. La nuit, quand mes parents s'engueulaient, mon père me réveillait pour servir de témoin et d'arbitre : « Tu vois, Zewen, ce n'est pas moi qui ai commencé, c'est elle avec ses crises de jalousie. » Dans ces moments-là, il était d'une violence extrême et je me souviens qu'une fois, à 4 heures du matin, il l'a giflée et fait tomber dans l'escalier de la villa[3].

Comme mon père n'était toujours pas démobilisé, c'est le visa de sortie qui fut le plus difficile à obtenir. Mais il fallait aussi se procurer les papiers nécessaires pour traverser l'Espagne du général Franco. Ainsi que les visas américains. Pour les États-Unis, il fallait deux affidavits, un pour

1. Klaus Barbie surveillait déjà, depuis Gex, la frontière avec des jumelles.

2. N'en déplaise à Mme Simone Veil, dans mon esprit, comme pour le capitaine Carton et Louis Jouvet, c'était encore une Juste (voir chapitre 37).

3. Depuis ma plus tendre enfance, papa et maman, lorsqu'ils se disaient bonne nuit, avaient un rituel. Dans un dialecte allemand inventé : « Bonne nuit, mon cœur. Bonne nuit mon cœur. Bonne nuit notre cœur, Stips. »

la moralité et un pour garantir ce grand pays financièrement contre les immigrants. Heureusement pour la morale, nous avons obtenu la signature d'Albert Einstein. On est en droit de supposer qu'il en signait au moins deux cents par jour, et des deux mains. Pour la garantie financière, il n'y eut que l'oncle Fritz Bamberger, le seul oncle de mon père qui ait échappé aux chambres à gaz.

À Vichy, il y avait une femme qui s'appelait, je crois, Suzanne, et qu'on surnommait « Crapotte ». C'est par elle que nous avons obtenu notre visa de sortie. Cette Juste, une très grande Juste, était la femme de Georges Bidault qui, lui, a été pendant les années sombres le successeur de Jean Moulin au Conseil national de la Résistance. Il faut aussi savoir que, lorsque le Général a descendu les Champs-Élysées le jour de la libération de Paris, quand il a tenu ce discours assez pompier – « Paris martyrisé, mais Paris libéré » –, Bidault était à ses côtés, petit homme faisant un geste de la main pour éloigner la foule susceptible de commettre un attentat contre le Général[1].

---

1. Lorsque Max Ophuls tournait *La Ronde*, un soir, son premier assistant, Paul Feyder, est venu le voir sur le plateau pour lui dire : « Monsieur Ophuls, le ministre des Affaires étrangères et sa femme aimeraient vous rendre visite. » Mon père s'est retourné et a dit : « Le ministre des Affaires étrangères ? Non, qui est-ce ? Dites-lui que je n'ai pas le temps. » Georges Bidault était l'un des fondateurs du MRP, catholique de gauche. C'est lui, avec Robert Schuman, qui a fondé l'Europe de l'après-guerre… Ni de Gaulle ni Adenauer, aucun de ceux-là. J'ai maintenant quatre-vingt-six ans et j'aimerais bien écrire une biographie de Georges Bidault. Un jour, pendant le tournage du *Chagrin et la Pitié*, André Harris et moi sommes passés devant un petit café et il y avait une affiche : « Ce soir, conférence de Georges Bidault. » À l'heure dite, Harris et moi, avec André Gazut (notre cameraman), nous nous sommes pointés dans ce café et c'est pourquoi une brève interview de Georges Bidault figure dans le film. Ce soir-là, à Clermont-Ferrand, il a eu la courtoisie incroyable de ne jamais me parler, ni *on* ni *off* caméra, du rôle qu'il avait joué dans notre vie par l'intermédiaire de sa femme. À cette époque, Bidault venait de rentrer de

En juillet 1941, quatre mois avant l'occupation de la zone libre, tous les documents, y compris le billet de la traversée de l'Atlantique, étaient enfin rassemblés. Pour ne pas se faire remarquer, ni du côté de Barcelone, ni du côté de l'Atlantique, les trois Ophuls, une fois de plus, ont pris un petit tortillard qui, depuis Pau, menait au col de Somport. Une fois encore, il ne restait presque plus un sou dans la caisse, mais Max Ophuls, pour « faire américain », a cru bon s'acheter un chapeau panama et une magnifique serviette jaune pur porc dans laquelle il a obligé ma mère à mettre tous nos documents.

Dans le couloir du train, j'étais collé à la vitre. Il faisait très beau et je regardais ces merveilleux villages des Pyrénées que je pensais ne jamais revoir. Dans le compartiment, mes parents se préparaient à affronter la redoutable Guardia civil du *generalissimo* et mon père, il faut bien le dire, avait la chiasse. Chaque fois qu'il allait aux toilettes, ma mère sortait quelques documents de la serviette et les remplaçait par du papier journal. Elle avait peur, comme il était distrait et égarait tout, qu'il ne perde nos sésames.

Au col du Somport, il fallut changer de train car les rails espagnols n'avaient pas la même dimension que les rails français. Il faisait très chaud et les banquettes étaient en bois.

Arrivés à Madrid, un porteur a pris les bagages et nous un taxi pour filer vers le Ritz où on était en droit de supposer qu'une certaine somme de dollars nous attendait. Un peu fatigués, nous sommes montés dans nos appartements. Dix minutes après, le bagagiste a monté les valises. La serviette jaune n'y était plus.

---

longues années d'exil au Mexique. Ayant, paraît-il, traficoté avec l'OAS, il fut longtemps interdit de séjour en France par le même général.

Ma mère a laissé s'agiter Max Ophuls pendant un bon quart d'heure avant de lui dire qu'elle avait plus tôt récupéré tous nos précieux documents. Deux jours après, nous partions pour Lisbonne où nous attendait le *SS Excambion*, l'un des derniers paquebots américains à quitter l'Europe avant Pearl Harbor.

13

LA STATUE DE LA LIBERTÉ

« Que le gouvernement du peuple, par le peuple et pour le peuple, ne périsse pas dans ce monde. »
Abraham LINCOLN

Après huit jours passés dans le meilleur palace d'Estoril, nous nous sommes donc embarqués sur ce petit paquebot de neuf mille tonnes. La traversée a duré une bonne semaine et, une fois encore, il faisait très beau. Aucun de nous n'est sujet au mal de mer et il y avait à bord du *SS Excambion* des gens de toutes nationalités, surtout des Américains. Mais aussi quelques Italiens et même des Français.

Comme Max Ophuls était insomniaque, il passait ses nuits au bar pendant que ma mère et moi dormions dans notre cabine. Après trois ou quatre nuits, il avait pour meilleur ami de bord un rouquin aux cheveux très courts qui, dans mes souvenirs, ressemblait à Gert Fröbe. C'était un Allemand, et mon père l'avait adopté parce que, en jouant aux échecs et en buvant du whisky, ils parlaient dans leur langue maternelle.

Quarante-huit heures avant notre arrivée à New York, nous avons fait escale aux Bermudes !

Dès notre arrivée en plein soleil, quatre officiers britanniques sont montés à bord, portant des bermudas et un stick sous le bras. Ils ont immédiatement arrêté le nouveau copain de mon papa, l'ont embarqué pour, paraît-il, le fusiller le jour même. Le sosie de Gert Fröbe était un espion nazi.

Il me semble encore aujourd'hui, et ce n'est certes pas une pensée originale, que la mer représente une forme de liberté et que comme toutes les libertés, il faut l'aimer, la soigner et, de nos jours, la sauver. Je pense aussi qu'il est bien plus agréable de naviguer sur les océans que de les survoler. Sur n'importe quel navire, le temps d'une traversée, on peut passer sa lune de miel, on peut se faire des amis. Et on peut filmer à hauteur d'homme, comme disait Howard Hawks. Ce sont des biens précieux.

Et puis, un beau matin à l'aube, nous sommes tous montés de nos cabines pour contempler la statue de la Liberté, notre statue de la liberté qui, à ce moment dans la vie des Ophuls, n'était pas un monument symbolique quelconque mais représentait bien notre réalité à nous.

À droite, comme encore de nos jours, il y avait Ellis Island où des centaines de milliers d'émigrants avant nous étaient passés. Ma mère et mon père ont eu le temps de m'expliquer ce que représentait cette île.

Lentement, très lentement, le *SS Excambion* s'est approché de son port d'attache dans le sud de Manhattan et nous avons pu débarquer sans aucune difficulté.

Max Ophuls parlait à peine l'anglais. Ma mère pas du tout et moi non plus bien sûr. Sur le quai nous attendait Heinrich Schnitzler, le fils d'Arthur. Et je me souviens qu'il y avait aussi un imprésario du nom de Sam Marx que je prenais pour l'un des frères Marx. Nous sommes tous montés dans un taxi pour atterrir, cette fois-ci, dans un tout petit hôtel qui existe encore, l'hôtel Winslow. Je crois bien qu'on y est restés trois ou quatre semaines, le temps pour Max Ophuls d'acheter une nouvelle décapotable d'occasion, une Chevrolet blanche avec des sièges en cuir rouge.

14

ROUTE 66 ET *CABIN TIME*

Nous étions en plein été. Il faisait horriblement chaud, une chaleur humide comme seuls la connaissent les New-Yorkais. Depuis le dixième étage de l'hôtel dans lequel nous résidions, Max Ophuls téléphonait à l'oncle Fritz et à divers amis qui se trouvaient à Hollywood, et parmi eux le grand imprésario Paul Kohner, avec lequel il correspondait déjà depuis Aix-en-Provence et qui lui avait plusieurs fois répondu qu'il n'y avait pas de travail pour lui dans les studios[1]. Après ces trois ou quatre semaines à Manhattan, Max Ophuls s'est renseigné dans une agence de voyages pour savoir quelle route il convenait de prendre pour se rendre en voiture à Los Angeles. Une jeune femme très agréable

1. Pendant ses années de vaches maigres, mon papa a souvent changé d'imprésario. Il y eut, entre autres, Frank Orsatti dont chacun disait qu'il avait des rapports privilégiés avec Louis B. Mayer. On disait aussi qu'il avait des liens avec la mafia. Un jour, Orsatti avait fixé un rendez-vous à Culver City pour un entretien entre M. Mayer et Max Ophuls. Celui-ci attendait dans une grande antichambre et Orsatti est ressorti au bout de dix minutes pour annoncer que M. Mayer n'avait pas le temps ce jour-là de le recevoir. Fin de Frank Orsatti ! Everett Crosby, le frère de Bing Crosby, fut alors un temps l'imprésario de mon père. Mais à la fin, lorsque le grand Max avait fait *Lettre d'une inconnue*, son agent est devenu Lew Wassermann qu'on a surnommé une ou deux décennies plus tard *the godfather of the Hollywood establishment* [« le parrain de l'establishment hollywoodien »].

dans une agence de voyages lui a dit : « *This time of the year, sir, it's better to take the southern route.* » [« En cette saison, monsieur, il vaut mieux prendre la route du Sud. »]

Donc, un beau matin d'août, mon père a pris le volant. Ma mère, encore une fois assise à côté de lui. Mais, cette fois-ci, je n'étais plus dans le coffre parce que, comme chacun sait, les voitures américaines sont très larges. Mon cousin Henry Bamberger, qui avait cinq ans de plus que moi[1], voyageait avec nous. Henry, que j'aimais beaucoup, avait été éduqué dans les meilleurs internats suisses et parlait assez bien l'anglais. Son père, Ludwig Bamberger, avait déjà été gazé, ce qu'à l'époque nous ne savions pas. Sur la Route 66, bien connue, nous chantions beaucoup. Il faisait très chaud et voyager en décapotable était vraiment un grand plaisir.

Très vite, comme à son habitude, Max Ophuls trouva un rituel[2]. Vers 17 ou 18 heures, selon son humeur, il annonçait : « *Cabin time*[3] ! » Et chacun d'entre nous était libre de dire : « Tiens, celui-ci » ou alors « celui-là ». Et on votait de façon on ne peut plus démocratique. De temps en temps, quand Max Ophuls était de mauvaise humeur, il chantait tout bas et le vent faisait que nous ne parvenions plus à bien l'entendre : « *Oh Heinz, oh Heinz ! Mein Auto ist nicht deins. So kehr' schnell zurück nach Mainz. Oh Heinz, oh Heinz !* » [« Oh Heinz, oh Heinz ! Ma voiture n'est pas la tienne. Retourne donc à Mayence. Oh Heinz, oh Heinz ! »]

Première immense déception : en traversant le Mississippi, je me suis aperçu que ce fleuve était tout aussi jaune

1. Et qui vient de mourir il y a quelques mois.

2. Mon père adorait les rituels, c'est pourquoi, alors qu'il n'était pas du tout croyant, il avait un profond respect pour l'Église catholique.

3. Les *cabins*, se sont les motels au bord de la route, comme celui que l'on voit dans *Psychose* d'Hitchcock ou dans *Le Facteur sonne toujours deux fois* de Tay Garnett.

que le beau Danube bleu. Moi qui croyais encore que j'allais rencontrer Tom Sawyer, Huckleberry Finn ou Mark Twain en personne !

Deuxième déception : après avoir traversé l'État du Missouri, où nous sommes restés deux jours (dans les Ozarks, région de *hillbillies* sur les bords d'un très beau lac, où nous nous baignions avec délice), nous sommes enfin arrivés dans le vrai Wild West ! À l'heure du café, nous sommes allés dans un drugstore. Assis au bar sur un haut tabouret et nous tournant le dos, il y avait un cow-boy coiffé d'un stetson et avec des éperons en or à ses bottes. Soudain, il s'est retourné vers nous. Mon père s'est écrié : « Mais ce cow-boy est juif ! »

Traversant l'Arizona, Max Ophuls a soudain voulu nous donner la preuve de ses connaissances en histoire et en géographie américaines et, en plein désert, se souvenant de la dame à New York qui lui avait conseillé de prendre *the southern route*, il s'est mis à voir des plantations et des champs de coton un peu partout. Nous avons passé des patelins où il y avait des Navajos qui vendaient leurs marchandises sur le bord de la route. Nous avons vu le Grand Canyon et Monument Valley. Et puis un soir, au moment du coucher du soleil, nous sommes arrivés dans une banlieue très très moche, avec des palmiers poussiéreux qui semblaient grignotés par les rats. Avec son effroyable accent allemand, mon père a demandé au pompiste de la station-service où il s'était arrêté : « *Excuse me vere ist Hollywood ?* » Et le pompiste lui a répondu : « *You're there, buster !* » [« Excusez-moi, où est Hollywood ? », « Vous y êtes, mon vieux ! »]

15

LES ANNÉES DE VACHES MAIGRES

« La vache qui rit. »
Les Fromageries Bel

Enfin arrivés dans la capitale mondiale du cinéma, Tinseltown[1], la ville des rêves du monde entier, nous nous sommes installés dans le deux-pièces d'un hôtel meublé, la Villa Italia que l'oncle Fritz nous avait réservé. Nous n'y sommes pas restés bien longtemps car le réalisateur Robert Siodmak, qui avait la chance, tout à fait par hasard, d'être né américain, était déjà en train de gravir les marches du succès à l'Universal. Il a donc laissé à la famille Ophuls l'usage d'un petit bungalow au fond du jardin d'une grande propriété privée, Vista del Mar.

J'ai pu retourner à l'école mais, bien entendu, une fois de plus, je ne parlais pas encore une broque de la langue locale. Comme j'avais quand même perdu deux ans d'études, j'ai été rétrogradé à Le Conte Junior High School[2] où il m'était possible de me rendre en vélo.

1. « Tinseltown » est un mot argotique pour désigner Hollywood.

2. Ce lieu d'éducation accélérée se trouvait sur Gower Street, à une centaine de mètres des studios de la Columbia. Dans le jargon hollywoodien, ce quartier se nommait Poverty Row. À la Columbia régnait le redouté, l'épouvantable, le vulgaire Harry Cohn. C'est à la Columbia que Frank Capra a

Je me rappelle qu'après Pearl Harbor, les petits Américains d'origine japonaise se sont mis à disparaître en quelques mois des classes. C'était, comme chacun ne le sait plus de nos jours, parce que le gouverneur de l'État de Californie Earl Warren, républicain modéré, avec l'approbation du président Roosevelt, les avait envoyés avec leurs familles dans des camps d'internement qui ressemblaient à s'y méprendre à des camps de concentration. Je me demande, encore aujourd'hui, pourquoi je n'ai pas fait à l'époque le lien entre ces deux faits historiques. Ma seule excuse, et elle est mince, est que j'étais encore en train d'apprendre la langue. Mais enfin, j'avais quand même treize ans !

C'est à Le Conte que j'ai rencontré un ami que j'ai gardé toute ma vie : l'immense photographe Elliott Erwitt, qui a été l'enfant chéri à la fois d'Henri Cartier-Bresson et de Robert Capa. Elliott, à mon âge, vivait dans une grande villa vide juste en face de l'école. Ses parents, russes, étaient divorcés et l'avaient laissé tout seul dans cette vaste demeure. Il gagnait déjà sa vie. Mes premiers souvenirs d'Elliott dans l'exercice de son métier le voient tandis qu'il photographiait des poubelles. Mais il m'a toujours dit, et il le répète encore aujourd'hui, que ces souvenirs sont faux. Ce qui est sûr, c'est qu'il vivait déjà ses premières amours, alors que je n'ai pour ma part perdu ma virginité que cinq ans plus tard.

---

fait ses premiers films. Il détestait Harry Cohn et c'était sans doute réciproque. Un jour, Harry Cohn avait proclamé : « Je sais quand un film est trop long, c'est quand mon cul me fait mal. » Ce à quoi Hermann Mankiewicz, le scénariste de *Citizen Kane*, avait répondu : « Imaginez cela ! Le monde entier relié au cul d'Harry Cohn. » J'ai connu plusieurs grands réalisateurs dont le plus grand, bien entendu, était Capra, auquel j'ai pu faire, pendant trois jours, les honneurs de l'université de Princeton. Tous redoutaient Harry Cohn comme la peste, mais quand il est mort, tout le monde s'est mis à le regretter.

J'ai toujours aimé chanter et, comme ma voix avait mué et que j'étais devenu baryton, je me suis porté volontaire pour être membre du *Conte Troubadours* qui faisait le tour de toute la Californie du Sud. Un jour, la dame qui nous dirigeait m'a demandé de choisir moi-même une chanson à chanter en solo. J'ai choisi la merveilleuse mélodie de Jerome Kern, sur un texte du grand P.G. Wodehouse, que l'on peut entendre dans *Showboat* : « *He's just my Bill, an ordinary man, I love him because he's… I don't know… Because he's just my Bill.* » Je n'ai pas compris pourquoi tous mes camarades de classe, garçons et filles, se sont mis à rire. Cela semble incroyable aujourd'hui mais je ne savais pas alors ce que c'était que l'homosexualité.

Pendant ce temps, dans le bungalow de Vista del Mar, les Ophuls jouaient un peu au badminton et mon père continuait à chercher du travail. Ce n'était pas commode. Les Bamberger lui demandaient de temps en temps pourquoi il ne devenait pas chauffeur de taxi, ce qui nous faisait sourire. Il n'acceptait pas non plus de faire des films de série B, cette fameuse série B si chère à Jean-Luc Godard. Il lui fallait à tout prix entrer par la grande porte. En attendant, il travaillait un peu au noir pour des compagnies de production comme Republic et Monogram.

Un jour, en 1942 ou 1943, maman et moi sommes allés rendre visite à Schufftan qui ne pouvait pas travailler non plus, parce que le syndicat des opérateurs s'y opposait. Il habitait avec sa femme dans un petit deux-pièces à deux cents mètres au-dessus d'Hollywood Boulevard. Tandis que nous prenions le café ensemble, maman a demandé soudain à Mme Schüffchen :

– Qui est-ce qui occupe cette petite maison mitoyenne de la vôtre ? Elle me semble inhabitée.

– *Ach ja, Hilde*... Cela appartient à une famille, les Benson, des gens charmants qui sont partis à San Francisco.

– Et combien demandent-ils par mois ? Vous le savez ?

– Je crois que c'est cinq cents dollars par mois. Mais tu peux certainement négocier.

C'est comme cela que les trois Ophuls sont venus s'installer à Whitley Terrace, dans une maison que mon père a ensuite achetée en 1946 et que nous n'avons plus quittée jusqu'à notre retour en France. À cette époque, nous étions nourris et logés par l'United Jewish War Relief, auquel contribuaient tous les grands cinéastes et acteurs juifs d'Hollywood[1] :

1. Quelques années plus tard, the Directors Guild tint un meeting pour savoir s'il fallait partir en grève contre les studios. Il faut savoir que dans la Guild, il n'y a pas seulement les réalisateurs mais aussi leurs assistants. Les orateurs se succédaient à la tribune et, tout au fond de la salle, sur un banc en bois, étaient assis Fritz Lang et Max Ophuls qui les écoutaient les uns après les autres. À un moment donné, Fritz Lang s'est tourné vers son cadet de vingt ans et a demandé : « *Maxl, wer ist denn das ? Kennst du ihn ?* » [« Alors Max, tu le connais ? »] Et mon père a répondu : « *Nein.* » Ce petit bout de dialogue s'est répété trois ou quatre fois et la cinquième fois, Fritz Lang a dit : « Eh bien voilà, Max, je rentre chez moi car je dois tourner demain matin à 9 heures. » Un peu plus tard, à l'époque de la liste noire, la Directors Guild s'est réunie une fois de plus au Beverly Hills Hotel. L'épouvantable Cecil B. DeMille voulait virer le président de l'époque, Joseph L. Mankiewicz qui était en train de tourner *Cléopâtre*, je crois bien à Rome. M. DeMille s'est lancé dans de terribles discours contre les étrangers et principalement contre les Juifs. Dans la salle étaient assis John Huston, sans doute Orson Welles, Richard Brooks et William Wyler. M. DeMille, bien entendu, n'avait pas fait la guerre alors que William Wyler avait fait ce merveilleux documentaire dans une forteresse volante, *The Memphis Belle*. À un moment donné, Wyler s'est levé et a dit : « Vous pouvez me répéter ce que vous venez de dire, Cecil ? Pendant la guerre, je suis devenu un peu sourd. » Frank Capra était assis derrière DeMille mais, à ma connaissance, il n'est malheureusement pas intervenu. John Ford, lui, était assis sur les marches de la tribune et vers 23 heures, il a déclaré ceci : « *My name is John Ford, I make westerns. Cecil, I have the greatest respect for you as a filmmaker but Cecil, I don't like what you've been doing tonight. And as a matter of fact, I don't like you.* » [« Mon nom est John Ford, je fais des westerns. Cecil, j'ai le plus grand respect pour toi en tant que réalisateur, mais Cecil, je n'aime

Fritz Lang[1], Billy Wilder, Ernst Lubitsch, William Wyler, mais aussi Peter Lorre, Conrad Veidt, Paul Henreid, et puis Michael Curtiz.

Le matin, quand mon père dormait encore, entre 10 et 11 heures, Paul Dessau, l'un des grands compositeurs de Brecht, apparaissait toujours avec des carottes crues qu'il achetait au Farmers'Market, ouvrait le piano mal accordé, et commençait à taper dessus de ses dix doigts en criant : « Max, Max ! Je veux que tu entendes ça ! » Et de temps en temps, l'immense acteur Fritz Kortner, qui jouait des seconds rôles dans des films de guerre alors que dès sa jeunesse en Allemagne il avait joué tous les grands rôles du répertoire de Max Reinhardt avec Ernst Lubitsch, montait à pied jusqu'à chez nous, les deux bras remplis de *groceries*[2]. Il y avait, dans notre salle de séjour, un fauteuil dont il nous avait fait cadeau et qui se nommait « *der Kortner Stuhl* » [« la chaise de Kortner »].

À l'époque où je lisais encore *Superman*, mon papa essayait de me faire lire Goethe. Peine perdue, bien entendu. Alors un soir, Fritz Kortner et Max Ophuls ont monté un coup : après dîner, comme par hasard, le grand acteur a ouvert un exemplaire de *Faust* qui traînait par là. Et il

---

pas ce que tu es en train de faire ce soir. Et d'ailleurs, je ne t'aime pas. »] Et ensuite, il a regardé sa montre et, comme Fritz Lang, il a dit : « *Well, I've got a call tomorrow morning at 9. Goodnight.* » [« Bien, j'ai un rendez-vous demain à 9 heures, bonsoir. »] Cela a marqué, je crois, la fin de la liste noire à Hollywood.

1. Fritz Lang était à moitié juif, comme Truffaut et comme moi, mais l'on sait depuis longtemps que son fameux entretien avec le Dr Goebbels est une pure fiction. D'ailleurs, von Sternberg se nommait Sternberg tout court, et von Stroheim… Stroheim. Un soir, Chez Louis, rue Marbœuf, mon papa m'a emmené faire la connaissance de l'immense Erich von Stroheim. Sa compagne de l'époque était une comédienne, Denise Varnac. Pendant tout le repas, il lui a fichu des coups de pied sous la table.

2. Des sacs de provisions.

m'a lu le *Prologue au ciel* en jouant à la fois le Seigneur et Méphisto. Ah mon Dieu, quel immense privilège ! C'est le genre de leçons que l'on n'oublie jamais[1].

1. À la fin du cinéma muet, mon oncle spirituel avait joué le docteur Schön dans *La Boîte de Pandore* de G.W. Pabst, avec Louise Brooks comme partenaire. Au début du parlant, il a été le partenaire de Marlene Dietrich dans un film de Kurt (Curtis) Bernhardt (ce n'est donc pas Josef von Sternberg qui a découvert Marlene). Pendant la guerre, Kortner a été un conseiller d'Eleanor Roosevelt. Dès 1947, presque en même temps que Brecht, il est rentré en Allemagne. Lui à l'Ouest et Brecht à l'Est. Jusqu'à sa mort, il a joué et mis en scène au théâtre les plus grands chefs-d'œuvre du répertoire mondial. Ses sentiments étaient mitigés pendant les premières années de son retour en Europe. Il cherchait de véritables nazis parmi les Allemands qu'il rencontrait, mais il disait ne pas en trouver. En 1948, à Munich, lors d'un bal masqué, sans doute pour fêter le nouvel an, tard dans la nuit, sur un escalier, un homme masqué s'est assis à côté de lui pour lui dire : « Herr Kortner, il paraît que vous cherchez des nazis. Je l'ai été et je le reste. » Après quoi, toujours masqué, il est reparti. Au cours de ses séances de répétitions au théâtre, Kortner était très dur, sarcastique, méchant… Dans ses Mémoires, il a écrit : « Dieu nous préserve des cancres et des bohémiens. Ils nous pourrissent la vie au théâtre. » Un jour, un jeune acteur blond portait les cheveux très long et, depuis la fosse d'orchestre, Kortner lui a lancé : « Faites-vous couper les cheveux, mon ami, ils sont trop longs. » Et l'acteur, sans doute excellent, a hésité un court instant et lui a répliqué : « Mais Einstein aussi portait ses cheveux très long. » Kortner lui a répondu : « Oui mais lui, c'était comme violoniste, et comme violoniste il ne valait pas un clou. » J'ai écrit et réalisé une version musicale de *Till l'Espiègle* bien des années plus tard. Till était joué et chanté par un merveilleux comédien du nom de Helmuth Lohner qui m'a raconté qu'à la suite d'une série de séances de travail avec Kortner, il a essayé de se jeter par la porte d'un avion en vol. Un jour, à l'hôtel des Quatre Saisons de Munich, Max Ophuls est allé voir une répétition de son ami Kortner et il est rentré à l'hôtel en disant à ma mère : « *Nein, das geht nicht. Das geht wirklich nicht.* » [« Non, ça ne va pas. Ça ne va pas du tout. »] Dans ses Mémoires, Kortner raconte comment, après la guerre, il est retourné à Vienne, sa ville natale, pour la première fois. Il était logé à l'hôtel Sacher. Tard dans la nuit, enfin couché, tandis qu'il pensait sans doute aux répétitions du lendemain, il songea soudain à toute sa famille qu'autrefois il cherchait à ne pas voir et il se dit : « Eh bien maintenant, je ne peux plus les voir. Ils sont tous morts, assassinés. » Et il écrit à la fin de ce chapitre : « J'éteins ma lampe de chevet et je m'endors lentement. » À la fin de sa vie, mon oncle spirituel, très diminué par le cancer, avait mis en scène à

Max Ophuls n'était pas un grand cinéphile, mais je me souviens que nous sommes descendus trois fois en une semaine voir *Gentleman Jim* de Raoul Walsh avec Errol Flynn. À mon avis, certainement le meilleur film sur la boxe jamais réalisé si l'on excepte Charlot dans *Les Lumières de la ville*. De notre terrasse, au-dessus du garage, on pouvait voir l'ancienne villa de Rudolph Valentino car le quartier avait été à la mode au temps du muet. De temps en temps, je travaillais dans un supermarché juste en bas de chez nous. C'était, je crois, pendant que mon père était à New York pour travailler à l'OWI, The United States Office of War Information. J'y vendais des fruits et des légumes[1].

Mais ma contribution principale au budget familial, au cours des quatre années où mon père n'a pas réussi à réaliser de films, a consisté à faire du cinéma comme acteur. Anatole Litvak, qui comme John Ford, John Huston et bien d'autres contribuaient d'une façon ou d'une autre à l'effort de guerre, travaillait sous la houlette de Frank Capra à la série *Pourquoi nous combattons*. Dans la première partie de cette série, intitulée *Prelude to War*, il s'agissait pour Litvak, qui m'avait fait engager, de représenter une classe des Jeunesses hitlériennes

---

Hambourg *Clavigo* de Goethe de façon magistrale. La télévision allemande m'a chargé d'en assurer la réalisation pour le petit écran. Le soir de la diffusion, Kortner était à l'hôpital et regardait mon travail sur une télévision installée au-dessus de son lit. Lorsque la diffusion fut terminée, il a dit : « Il a fait un bon travail, le gosse. » Quarante-huit heures plus tard, il était mort.

1. Cher lecteur, connaissez-vous cette histoire juive ? Un vieux couple arrive à New York. Un membre de leur famille les a logés à Brooklyn. À l'heure du petit déjeuner, le premier jour Sarah dit à Isaac : « Tu devrais descendre nous chercher quelques oranges. » Le vieux bonhomme fait ce qu'on lui demande et remonte, et s'effondre dans l'escalier dix minutes après. « Qu'est-ce qui t'arrive ? » lui demande Sarah. Et Isaac lui répond : « Ah, ma vieille, il va encore falloir foutre le camp. Quand j'ai demandé des oranges, le vendeur m'a demandé : « *For juice ?* » Et j'ai répondu : « *Yes.* » Et il a dit : « *Take the small ones.* »

chantant une chanson en levant le bras[1]. Le jour du tournage, il me plaça tout au fond de la classe, parce que j'étais déjà bien trop grand par rapport aux autres enfants. Peu de temps après, j'ai été convoqué à la Warner Bros., à un essai pour un assez mauvais film, tourné par Michael Curtiz juste après qu'il eut fait *Casablanca*, intitulé *Passage to Marseille*, également avec Humphrey Bogart. Je devais jouer le garçon de cabine à bord d'un navire de marine marchande qui, mitraillé par un avion de chasse allemand, chantait la Marseillaise en mourant dans les bras de Bogart. Le jour où je fus auditionné, je mourais de trac, bien entendu, mais – grande déception – ce n'est pas dans les bras de Bogart que je suis mort mais dans ceux de sa doublure. J'ai certainement été effroyablement mauvais et c'est un petit professionnel d'Hollywood qui a eu le rôle.

Pendant ces longues années, Max Ophuls conduisait toujours la Chevrolet blanche d'occasion qu'il avait achetée à New York. Lorsque les choses allèrent un peu mieux, ma mère engagea une aide ménagère du nom de Priscilla, une grosse Noire formidablement gentille qui s'occupait aussi un peu de moi et qui, elle, roulait en Cadillac.

Bertolt Brecht habitait à trente kilomètres de chez nous, à Santa Monica, une maison qui longeait la plage[2]. Max Ophuls avait essayé de me faire lire son œuvre. Et là encore, comme pour Goethe, je m'en fichais royalement. Je trouvais bizarre qu'un homme aussi prospère se rase la tête et porte des chemises de prolétaire toujours un peu froissées. Il se trouve que celui qui fut l'un des plus grands dramaturges

1. Ce qui n'a jamais eu lieu, dans aucune classe des Jeunesses hitlériennes.

2. Thomas Mann, lui, habitait quelques kilomètres au nord, à Pacific Palisades. Mais lui et son frère Heinrich, je ne les ai malheureusement jamais connus. Mon père racontait que le soir, Brecht faisait des imitations de ces deux grands bourgeois, qui ne s'aimaient pas vraiment, célébrant l'anniversaire de l'un ou de l'autre en famille.

du XXe siècle m'avait à la bonne et avait décidé que je devais devenir écrivain. Il me donnait donc des conseils. Je me souviens notamment qu'il m'expliqua que le plagiat n'existait pas : « Marcel, réfléchis un peu, il n'y a qu'une dizaine de thèmes vraiment valables. Par conséquent, tout le monde plagie tout le monde[1]. » Il me disait aussi : « Prends les tramways, Marcel, ou d'autres transports publics. Assieds-toi n'importe où, mais de préférence de dos aux gens que tu écoutes et prends des notes. Après, rentre chez toi, mets les notes de côté et, le jour où tu écriras une pièce, inspire-toi de ce que tu as entendu. » C'était bien beau tout ça, mais il y avait très peu de transports publics à Los Angeles...

Brecht, qui avait une petite chienne de race absolument indéfinie, m'a offert un chiot qu'il avait nommé Figaro et je me souviens que cette adorable petite bête, lorsque j'étais contrarié, subissais ma cruauté, ce dont je ne suis pas fier. Je l'accrochais au mur de ma chambre pour la battre. Un jour, alors que Figaro avait six ou sept mois, je l'ai emmené se promener au bord de l'autoroute entre Hollywood et North Hollywood. Pour des raisons encore mystérieuses, je lui ai enlevé sa laisse pour qu'il puisse faire ses besoins. Figaro a été pris de panique et a essayé de traverser l'autoroute. Il a été renversé par une voiture. Je l'ai ramené à la maison et il est mort dans les bras de ma mère.

Herr Bertolt Brecht était un homme d'une très grande violence, lui aussi. Pendant la guerre, ce Bavarois communiste applaudissait les pires bombardements des Alliés sur l'Allemagne. Il voulait que ses compatriotes crèvent tous ! Hommes, femmes, enfants, tous ! Dans mon film *The Memory of Justice*, d'ailleurs, la veuve de Fritz Kortner, Johanna Hofer, témoigne

1. Et c'est si vrai que le génial *Opéra de quat'sous* est inspiré du *Beggar's Opera* de John Gay, un auteur anglais du XVIIIe siècle.

qu'en dehors de Kortner, de l'auteur de merveilleuses comédies Curt Goetz et de mon papa, tous les immigrants voulaient que la population allemande crève[1]. Une nuit, un peu saoul sans doute, Brecht a fichu ma mère hors de chez lui en proclamant : « Hilde, rentre chez toi. Je ne veux plus te voir chez moi. Tu as l'air trop allemande[2]. »

J'étais, et je suis resté, un cancre. Après Le Conte Junior High School, je suis allé à la Hollywood High School, de renommée mondiale. C'était une immense baraque où l'on passait d'une classe de trente ou quarante élèves à une autre. Elliott y était avec moi, mais je le voyais peu. Lana Turner y avait été découverte au drugstore du coin par un *talent scout*. Norma Jean Baker y était en même temps que moi. Malheureusement, je n'ai jamais rencontré celle qui deviendrait Marilyn Monroe, ou alors je n'ai pas fait attention. Je me souviens en particulier de deux enseignants : M. Sarno, qui enseignait les *Civics*, donc l'histoire contemporaine, et qui était sans doute plus ou moins communiste ; c'était un excellent professeur. Et Mme Jones, qui enseignait le latin. Elle passait ses cours à nous faire des leçons de morale. C'était insupportable ! Devant moi était assis un garçon de mon âge du nom de David Hollister. Elle nous faisait tellement chier que lui et moi nous sommes mis à inventer notre propre latin et à créer un empereur romain qui n'a jamais existé, un peu comme dans *Astérix et Obélix*. J'ai corres-

---

1. Pendant ce temps, dans la colonie française, Charles Boyer, Julien Duvivier, René Clair, Jean Renoir, Louis Jourdan, Romain Gary (consul général pour la France libre) et sans doute Jean Gabin (avant de repartir faire la guerre), discutaient aussi politique. Mais c'était surtout pour savoir s'il fallait accepter l'amiral Darlan, le général Giraud ou bien entendu le général de Gaulle.

2. Il n'était pas juif pour deux sous. Sa femme, Helene Weigel, la « mère Courage », l'était plus ou moins. Pourtant, quand le mur de Berlin est tombé, on badigeonna sur sa tombe « SALE JUIF ».

pondu pendant une vingtaine d'années avec David qui, lui, a fait Harvard.

À l'époque, je souffrais fréquemment, comme beaucoup d'adolescents mâles, d'une sorte de colique néphrétique. Comme je n'avais pas très envie d'aller tous les jours dans ce temple du savoir, ce palais de la drogue et des champions de football américain qu'était l'Hollywood High School, ma mère m'écrivait des mots d'excuses : « *Please excuse my son Marcel, he had kidney traubel* » (au lieu de « *trouble*[1] »). Plus tard, maman est allée voir le proviseur, M. Foley, pour que son fiston puisse continuer ses études et M. Foley lui a dit : « *Your son, Mrs Ophuls, has the worst attendance record in the history of Hollywood High School. He is just not college material.* » [« Votre fils, madame Ophuls, a le record d'absentéisme de toute l'histoire d'Hollywood High School. Il n'est juste pas fait pour l'université. »]

Le 1er novembre 1944, le jour de mes dix-sept ans, je suis allé me porter volontaire pour rejoindre la France libre, mais j'étais myope et toujours sujet aux coliques néphrétiques. Malheureusement, notre médecin était le docteur Lapeyre, le même toubib qui, au consulat général de France, faisait les examens médicaux de ceux qui voulaient s'engager. Par la suite, maman m'a avoué qu'elle était intervenue auprès du brave docteur Lapeyre pour me faire réformer. Un an plus tard, j'ai été recruté par l'armée américaine, qui n'était pas si regardante. Comme je parlais assez bien l'allemand et le français, j'ai demandé que l'on m'envoie en Allemagne. Au lieu de ça, l'US Army m'a envoyé occuper le Japon.

1. Certains mélomanes s'en souviennent peut-être. Helen Traubel était une grande chanteuse wagnérienne.

16

« HOLLYWOOD, PETITE ÎLE »

La seule copie des films de mon père que ses agents pouvaient montrer dans les studios était *Liebelei*. Un jour, le grand, l'immense Preston Sturges, qui parlait couramment trois ou quatre langues, car il était le fils de la compagne d'Isadora Duncan, a téléphoné à Whitley Terrace. Ce fut le début de la fin des vaches maigres.

Preston Sturges avait quitté la Paramount pour fonder sa propre compagnie en association avec Howard Hughes. Son idée était d'écrire une comédie par an qu'il mettrait en scène lui-même. Et un film dramatique par an aussi dont il confierait la réalisation à Max Ophuls, dont il avait adoré *Liebelei*. Pour ce deuxième projet, le choix de Preston se porta sur une adaptation de *Colomba* de Prosper Mérimée. La préparation du film dura une bonne année. Preston Sturges emmenait régulièrement Max Ophuls voir des matchs de boxe et de catch. L'un des arbitres de ces matchs de catch ressemblait paraît-il beaucoup au *Kronprinz*, le fils du *Kaiser* et les deux cinéastes se demandaient s'il s'agissait bien d'un fils illégitime de Guillaume II. Preston avait acheté un grand restaurant sur Sunset Boulevard, The Players, où il dînait tous les soirs à une grande table avec son entourage. Max Ophuls, évidemment, en faisait partie. Le lendemain, à Whitley Terrace, mon père nous racontait toutes les blagues de Preston. Je me souviens qu'au bout de quelques mois, cela me mettait très mal à l'aise, d'abord parce que je trouvais les siennes beaucoup plus drôles ; mais surtout parce que je voyais mon papa se transformer peu à peu en *yes-man* pour un salaire de cinq cents dollars par semaine[1]. Et pour tout dire, en valet de maître[2].

C'est pendant cette longue année de préparation qu'un jour l'attaché de presse de Howard Hughes a demandé à mon père de rédiger une dizaine de pages pour dire qui il était, en guise de curriculum vitae. Toujours insomniaque, le grand Max lui a fourni trois cents pages rédigées en allemand et que j'ai traduites en anglais. Ce texte était adressé à cet attaché de presse et commençait par les mots : « *Dear Steve* ». Je l'ai fait publier en Allemagne après la mort de mon papa avec le titre *Spiel im Dasein*[3]. Bien plus tard, François Truffaut et les éditions des Cahiers du cinéma l'ont publié intégralement, avec des dessins de Régine Ackermann-Ophuls.

Lorsque le premier jour de tournage de *Colomba*, dans un décor représentant le port d'Ajaccio, est enfin arrivé, j'avais déjà été envoyé comme GI à Tokyo, où mon père m'écrivait régulièrement des lettres drôles, ironiques et amicales[4]. Il m'a raconté qu'au bout de trois jours de tournage

1. C'était une époque où Alfred Hitchcock gagnait cinq mille dollars par semaine.

2. Le grand Sturges était très égocentrique. Le soir, chez lui, il faisait des projections privées de ses propres films. De temps en temps, il me téléphonait : « Allô, Marcel, *this is Preston*. Je me demandais si Hilde, Max et toi vous aimeriez venir demain soir voir *The Great McGinty*. » Nous voulions bien, mais nous l'avions déjà vu trois fois…

3. *Le Jeu dans l'existence*.

4. Qui se trouvent à présent, toutes, dans les archives de la Cinémathèque française.

(le film s'appelait maintenant *Vendetta*), Preston avait été voir mon père entre deux prises pour lui dire : « Max, tu n'es pas fait pour tourner à Hollywood. Demain matin, je vais reprendre le tournage. Mais comme je sais que tu as besoin d'argent, je te laisserai dire "moteur" et "coupez". C'est moi qui ferai le reste. »

C'est à ce moment-là que Max Ophuls m'a écrit une lettre superbe où il décrivait trois jours de tournage sous la direction du grand Preston Sturges. Il m'expliquait que tous les petits Corses étaient interprétés soit par des petits Juifs, soit par des petits Portoricains, et que Preston, perché sur une grue derrière sa Mitchell, faisait et refaisait tout le temps le même plan avec la vedette du film du nom de Faith Domergue, qui était la nouvelle flamme du milliardaire Howard Hughes[1].

Cette sinistre comédie a duré quelques semaines et puis, un soir, Howard Hughes a passé un coup de fil à son ami Preston Sturges pour lui annoncer qu'il était viré. Dans la foulée, bien évidemment, mon papa a été viré lui aussi. Mais cette histoire avait fait le tour d'Hollywood, petite île[2]. Et quelques semaines après, grâce à l'intervention de Robert Siodmak, mon père a passé son premier vrai contrat avec Universal. D'abord pour un film de cape et d'épée avec Douglas Fairbanks Jr. qui avait écrit le scénario et qui en était également le producteur[3]. Par la suite, Max Ophuls

---

1. Quelques autres de ses maîtresses présumées : Ginger Rogers, Jane Russell, Rita Hayworth, et *tutti quanti*. (Voir *Aviator*, de Martin Scorsese.) Howard Hughes, à cette époque, était déjà en train de devenir un peu fou à la suite de deux accidents d'avion. Il commençait à vouloir porter les costumes usés des autres, dont ceux de Max Ophuls, toujours suprêmement élégant.

2. *Hollywood, petite île* est un essai de Max Ophuls publié dans les *Cahiers du cinéma*.

3. Quand on voit ce film tout à fait charmant, *L'Exilé*, on se rend compte que Max Ophuls plaisantait quand, comme il me l'avait confié dans une autre

a encore enchaîné trois films en trois ans dont un chef-d'œuvre : *Lettre d'une inconnue*, d'après Stefan Zweig, avec comme scénariste l'homme qui est vite devenu notre meilleur ami à Hollywood, Howard Koch[1].

Howard, fils d'un pasteur protestant, a été l'une des grandes victimes de la liste noire. Et ni lui ni sa femme Ann n'ont plus jamais pu réellement retravailler[2].

Le producteur de ce film était le grand John Houseman, l'ami d'Orson Welles, qui avait produit *Citizen Kane* et qui est resté jusqu'à la fin de sa vie le producteur préféré de Max Ophuls. Ah oui, c'est vrai, les chefs-d'œuvre du cinéma ne se font jamais seuls[3].

---

lettre, il disait confondre les méchants avec les gentils dans ce scénario s'inscrivant dans l'histoire britannique, dont il n'était pas vraiment un expert. Les méchants, en l'occurrence, étaient les *round heads*, les troupes de Cromwell. Il m'écrivait donc que les *round heads* étaient assis dans les arbres et sautaient sur les Cavaliers. Mais non, voyons, il confondait tout cela avec Robin Hood ou faisait semblant de confondre. Malheureusement, je n'ai jamais pu retrouver cette lettre. Et Fairbanks, qui comme son père était royaliste, y joue le roi Charles II à la tête des Cavaliers. Ce qui est vrai dans tout cela c'est que Max Ophuls se fichait comme de l'an quarante de cette histoire. C'est aussi à ce moment-là qu'il m'a écrit une autre lettre, tout aussi formidable, pour me dire à quel point il était heureux de pouvoir enfin travailler dans un vrai studio hollywoodien et d'en apprendre encore tant sur son propre métier.

1. Il obtint deux Oscars, l'un pour *Casablanca*, l'autre pour *Sergeant York*.

2. Ils se sont exilés à Londres et, vers la fin de sa vie, Howard m'a envoyé un scénario à Paris, sur Los Alamos, un conflit entre les pères de la bombe atomique et les Indiens Navajo. Comme si souvent chez les gens d'extrême gauche, il était devenu un peu mystique. Ne sachant que faire de cette histoire, je lui ai écrit que je l'avais envoyée à Alain Resnais, ce que j'ai fait. Un jour, à New York, je suis allé voir Florence Malraux et Alain pour tout à fait autre chose, et à la fin du repas, Alain m'a dit : « Mais enfin, Marcel, pourquoi m'avez-vous envoyé ce très mauvais scénario ? » Et je lui ai répondu : « Mais parce que j'ai pensé que c'était plutôt votre affaire que la mienne. » Et le grand Resnais m'a répondu : « Vous vous êtes trompé. »

3. Les bides et les navets non plus, d'ailleurs.

17

L'OCCUPATION DU JAPON

« Les vainqueurs seront toujours les juges, et les vaincus les accusés. »

Hermann GÖRING
au procès de Nuremberg[1]

« Si Dieu existe, il nous doit des excuses. »

Woody ALLEN

Lorsque j'ai été envoyé comme GI chez les Nippons, les deux bombes atomiques sur Hiroshima et Nagasaki avaient explosé quelques mois auparavant. La guerre était donc terminée. Tokyo était un champ de ruines. Dans le port de Yokohama, les soldats américains s'amusaient à envoyer des cigarettes une à une dans la mer en regardant les Japonais plonger pour les récupérer. J'avais envoyé une lettre à mon papa pour lui dire à quel point ce spectacle me désolait. Et il m'a répondu que des fils d'écrivains, d'intellectuels ou de cinéastes n'avaient aucun mérite à s'indigner de ce genre de situation. *Amen !*

1. À Nuremberg, avant le procès, les Américains avaient fait passer des tests aux détenus dans leurs cellules, pour déterminer le quotient intellectuel de chacun. Göring, de *Göring und Genossen*, avait un QI de 160. Il était ravi et disait : « Ah, ces Américains, quand même, c'est pas mal ! » Mais lorsqu'il a appris que Schacht avait fait encore mieux, il a dit « *Ach Quatsch* ! » Speer n'a obtenu que 120, exactement comme votre serviteur (voir *Memory of Justice*).

Dans un premier temps, mon régiment de cavalerie fut envoyé s'entraîner, dans la boue, à trente kilomètres de Tokyo. Non seulement il n'y avait pas de chevaux, mais pas de chars d'assaut non plus. Quelques camarades et moi, profondément antimilitaristes, nous ennuyions à mort dans cette boue… Notamment mon ami Hal Greenberg, de Brooklyn, qui était un pianiste de jazz formidable. Dans son adolescence, il avait joué à quatre mains avec Art Tatum. Son morceau préféré était *Liza* de Gershwin : *Liza, Liza, skies are grey, but if you smile at me, all the clouds will roll away…*

Hal et moi, au bout d'un mois, avons utilisé une permission de fin de semaine pour aller à Tokyo nous porter volontaires comme *entertainment specialists*[1]. Notre démarche a été couronnée de succès. J'ai pu ainsi jouer quelques rôles au Ernie Pyle Theater, une immense salle réquisitionnée par l'armée américaine qui avait survécu aux bombardements. Je me souviens notamment avoir joué le médecin dans une pièce d'Agatha Christie, *Vendredi 13*. L'armée américaine avait engagé quelques jeunes actrices de Broadway qui jouaient avec nous, dont mon amie Kay Medford, qui avait une dizaine d'années de plus que moi. Nous étions les seuls militaires, en dehors des officiers, à pouvoir nous promener le soir en civil. J'allais aussi chanter dans les clubs d'officiers tout le répertoire de Charles Trenet et de Maurice Chevalier. Nos quartiers étaient situés juste à côté de l'hôtel Imperial et en face du palais de l'empereur Hirohito, partie de Tokyo qui n'avait bien entendu pas été bombardée. L'hôtel Imperial était le siège du général Douglas MacArthur[2], cet immense cabotin qui fumait toujours une pipe en épi de maïs. Une ou deux fois, parce que j'avais rendez-vous avec

1. Spécialistes en charge des divertissements.
2. « *I shall return.* » « *Old soldiers never die. They just slowly fade away.* »

des officiers qui commandaient le théâtre, j'ai partagé l'ascenseur avec le général. Il m'a dit : « *Good morning, soldier. At ease.* »

Bien entendu, Hiroshima, Nagasaki et presque tout le reste du Japon restaient *off-limits* pour nous. Est-ce que Hal et moi aurions eu envie de voir Hiroshima ? Je ne crois pas. Un civil australien venait de temps en temps nous vendre au marché noir un whisky de son pays qui n'était vraiment, mais vraiment pas bon ! D'ailleurs, je déteste le whisky. On bavardait surtout de sexe. Nous voulions tout savoir et en particulier où l'on pouvait trouver de vraies geishas. Notre Australien nous a dit : « Dans les Alpes japonaises. » C'est là que Mitsubishi, Tōjō et tout le gratin de la société nippone allaient baiser pendant la guerre. Les Alpes japonaises, pensez donc, c'était archi-*off-limits*. Mais Hal et moi avons décidé de nous y rendre.

Les quelques trains qui circulaient encore étaient très lents et bondés, il fallait huit heures pour se rendre dans un village de montagne nommé Minekami. Comme en Allemagne, il y avait, derrière la locomotive, un wagon pour le personnel allié. Les autres wagons étaient bourrés de vaincus. Et ils étaient patrouillés sans arrêt par les MPs, la police militaire. Les sièges, bien évidemment, étaient en bois. Et chaque fois que les MPs passaient, des Japonaises en kimono nous cachaient sous leurs jupes, en dessous des sièges.

La police militaire nous avait quittés depuis longtemps quand nous sommes arrivés à Minekami, et avec Hal nous nous sommes renseignés pour trouver une maison de geishas.

La vérité, c'est que ce n'était pas du tout des geishas mais des prostituées ordinaires.

Hal n'était plus puceau depuis au moins deux ou trois ans, mais moi je l'étais encore. Pour payer notre visite, nous avions amené au moins quatre cartons de cigarettes. Je me souviens que ma « geisha » à moi portait deux dents en or. Elle était petite et rondouillette. Celle de Hal était plutôt grande et maigre. Avant de passer à l'action, les deux filles nous ont emmenés prendre un bain à la japonaise, presque bouillant. Hal et moi sommes entrés dans ce petit bassin très lentement en commençant par les doigts de pied. Bien entendu, tous les quatre étions complètement nus et nos deux petites Japonaises gazouillaient autour de nous tout en entrant et sortant de cette eau fumante, et en nous faisant des signes amicaux que nous ne comprenions pas. Lorsque finalement Hal et moi fûmes installés, nous nous sommes parlé pour constater à quel point nous étions relax et confortables. Mais le gazouillement autour de nous devenait d'une minute à l'autre beaucoup plus intense. Au bout de dix minutes, nous sommes ressortis très allègrement et nous avons juste eu le temps de nous regarder avec étonnement avant de tomber dans les pommes. Je n'oublierai jamais qu'en me réveillant, j'avais cette fausse geisha agenouillée au-dessus de mon visage qui me ranimait avec une serviette. Je n'avais encore jamais vu un sexe de femme. Et à ce moment-là, je le contemplai en gros plan, tel le tableau de Courbet, mais par le bas. Peu après, je perdais enfin ma virginité.

18

OCCIDENTAL COLLEGE

« Mieux vaut tard que jamais. »

Anonyme

« Celui qui n'est pas de gauche quand il est jeune n'a pas de cœur, et celui qui l'est encore en vieillissant n'a pas de cerveau. »

Georges CLEMENCEAU

Après être restés six mois au Japon, nous sommes rentrés aux États-Unis par Hawaï où nous avons passé quarante-huit heures sur la plage de Waikiki, à Honolulu[1].

Peu avant sa mort, le président Franklin Delano Roosevelt[2] avait fait passer une loi permettant à tous les vété-

1. À l'aller, c'était l'hiver, et le transport de troupes passait au large des îles Aléoutiennes entre l'Alaska et la Russie. Il y avait eu une effroyable tempête. Nous couchions à trois ou quatre les uns par-dessus les autres. J'étais installé tout en bas et mes camarades dégueulaient sans arrêt. Au retour, je me souviens encore du matin où l'on est arrivés au large de San Francisco, une des plus belles villes du monde. Soudain, sous le Golden Gate Brigde, le soleil s'est levé avec la prison d'Alcatraz à notre gauche et San Francisco à notre droite.

2. Ses dernières paroles ont été : « *I've got a terrific headache.* » [« J'ai un terrible mal de tête. »] Les dernières paroles de Goethe, on le sait, étaient « *Mehr Licht !* » [« Plus de lumière ! »] On se demande encore s'il réclamait l'éclairage de Dieu ou, plus simplement, quelques bougies de plus à son chevet. Les dernières paroles d'Oscar Wilde dans un petit hôtel minable de la

rans américains de la Seconde Guerre mondiale de faire des études pendant quatre ans, aux frais du gouvernement américain. Cette loi est restée célèbre sous le nom de *GI Bill of Rights.*

Grâce à cette loi, les terrains de football, les cours de tennis ainsi que toute la verdure des campus américains furent couverts de *Quonset huts*[1] où vivaient des milliers et des milliers de vétérans, souvent avec leurs femmes et leurs enfants. Pour un cancre comme je l'étais, il n'était pas question d'avoir accès à Harvard, à Princeton, à l'université de Columbia, à Berkeley ou à toutes les autres universités les plus prestigieuses. Pour s'y qualifier, il fallait avoir une moyenne d'au moins seize sur vingt.

Mon meilleur ami à l'Hollywood High School était devenu une grande perche avec des dents proéminentes, jaunes, qu'il ne semblait jamais laver. Ses parents étaient des puritains du Middle West qui ressemblaient beaucoup à ces deux paysans du fameux tableau de Grant Wood, *American Gothic.* Il se nommait Donald R. Loftsgordon et il était nécessaire pour lui de ramener chaque mois de bonnes notes sur son carnet de lycée. C'est ce qu'il faisait. Ses parents n'étant pas riches, il ne pouvait pas avoir accès aux grandes universités.

À Eagle Rock, à une vingtaine de kilomètres au nord d'Hollywood, se trouvait un petit collège du nom d'Occidental, de confession presbytérienne[2]. Les parents de Don

---

rive gauche où il contemplait l'horrible papier peint de sa chambre étaient : « *One of us will have to go.* »

1. Abris préfabriqués en tôle ondulée, de forme semi-circulaire.

2. Un collège, chez les Américains, n'est pas ce que c'est en France. Il s'agit de cours préparatoires pour avoir accès aux universités et rattraper ainsi tout le temps perdu dans les écoles primaires et secondaires. C'est à Occidental qu'avant, pendant et après la guerre, les studios envoyaient tourner leurs extérieurs. Les Marx Brothers y jouaient au football et plus tard

avaient pu l'y caser facilement mais pour moi, c'était beaucoup plus difficile d'y être accepté. Une fois de plus, maman est intervenue. Don et moi nous sommes donc retrouvés comme *freshmen*[1] à Eagle Rock. Nous avions décidé d'étudier la philosophie ensemble. Lui continuait à être en tête de classe tandis que je ne faisais que me débrouiller pas trop mal.

Notre professeur de philosophie se nommait M. Gloyn, un homme admirable qui était un fervent admirateur de William James, de John Dewey et du pragmatisme américain en général. Grâce à lui, je le suis devenu aussi et le suis toujours resté. L'une de mes premières dissertations, que je conserve encore dans mon grenier, portait sur la façon dont il convenait de traiter l'Allemagne vaincue et ses citoyens. J'ai obtenu un A– et j'en suis encore très fier.

C'était l'époque où les premiers disques trente-trois tours enregistrés pendant le IIIe Reich parvenaient aux États-Unis. Et mon ami John Burckhardt et moi les écoutions dans sa chambre. Il y avait surtout le grand Wilhelm Furtwängler avec l'Orchestre philarmonique de Berlin ou l'Orchestre philarmonique de Vienne[2].

Spencer Tracy et Katherine Hepburn y ont tourné *Mademoiselle Gagne-Tout*, sous la direction de George Cukor.

1. Étudiants de première année.

2. Furtwängler, l'un des premiers amants de ma mère, avait été le chef de toute la musique pendant le IIIe Reich. Mais le grand Wilhelm avait la réputation d'avoir sauvé tous les Juifs de son orchestre. Quand en 1950 la France a permis, pour la première fois, à Furtwängler de revenir à l'Opéra Garnier pour diriger la symphonie n° 3 de Beethoven, dite *Eroïca*, en l'honneur de l'empereur Napoléon (que Goethe aussi admirait tant parce qu'il avait amené les idées de la république française en Allemagne), les trois Ophuls étaient assis au quatrième rang de l'orchestre, invités par le chef d'orchestre. Entre le premier et le deuxième mouvement, Max Ophuls s'est tourné vers moi et m'a murmuré à l'oreille : « Tu vois, Zewen, les regards bleus des musiciens sur leur chef, c'est le même regard que pendant la guerre.

Contrairement à Loftsgordon et à bien d'autres de mes amis, je passais le plus clair de mon temps à jouer au bridge avec d'autres experts de l'école buissonnière. Lorsque j'étais déjà *sophomore*[1], le fils d'un autre réalisateur célèbre est arrivé à Occidental. Il se nommait George Stevens Jr. Je le trouvais snob et sans aucun intérêt mais j'ai changé d'avis depuis. George est, ou a été, le président de la Film Academy et a présenté *The Memory of Justice* au John F. Kennedy Center de Washington. Cela n'a peut-être pas beaucoup d'importance. Il est surtout l'homme qui a monté et fait connaître les rushes d'un film de son père[2], qui est de loin le meilleur documentaire sur la Seconde Guerre mondiale et qui mène le spectateur des plages de Normandie à la libération de Paris, jusqu'à l'ouverture du camp de Dachau[3].

C'est aussi à Oxy[4] que j'ai commencé à faire un peu de théâtre. J'y ai mis en scène, épouvantablement mal, *Tartuffe* de Molière. Le rôle de Dorine était tenu par une fille dont j'étais follement amoureux, Lois Chartrand. « Cachez ce sein que je ne saurais voir. » Par la suite, Lois

---

L'obéissance ! » Le lendemain matin, à Neuilly, Wilhelm Furtwängler nous a invités à venir le voir. Mon père avait un respect énorme pour les premiers amants de sa femme. Au château de Madrid, à deux cents mètres de la rue Ernest-Deloison, Herr Furtwängler nous a reçus, allongé dans sa baignoire. Il était très long et très maigre mais je ne me souviens absolument plus de ce qui s'est dit pendant une bonne demi-heure.

1. Étudiant de deuxième année.

2. Connu sous le titre *DDay to Berlin*.

3. Avant la guerre, le grand M. Stevens, qui avait commencé sa carrière avec des films de Laurel et Hardy, dirigeait de merveilleuses comédies dont *Demoiselle en détresse* avec Fred Astaire et *La Justice des hommes* avec Cary Grant. Après la guerre, il n'a plus jamais fait de comédie mais *Une place au soleil* avec Elizabeth Taylor, Montgomery Clift et Shelley Winters, *Le Journal d'Anne Frank* et *Shane*, ce très long western avec Alan Ladd – trois films qui se posent un peu là !

4. Le diminutif d'Occidental College.

a joué un rôle important dans *Une place au soleil*, avant de se marier avec l'aîné des trois frères Harvey, qui est devenu un pasteur protestant. Lois et son mari sont réapparus dans ma vie lorsque j'ai tourné *À la recherche de mon Amérique*[1].

Dans ma vie, à ce moment-là, figurait aussi Corinne Lane qui, elle, je crois, était amoureuse de moi. C'était une très belle rouquine. Un soir que je la ramenais chez elle en voiture, nous nous sommes arrêtés devant sa porte et je l'ai longuement embrassée. À la fin, elle m'a regardé dans le fond des yeux et elle m'a dit : « C'est tout ce que tu sais faire ? » Elle aussi réapparaît, à Chicago, dans *À la recherche de mon Amérique*.

J'ai aussi, mon Dieu, joué le méchant Cassius dans *Jules César*. Mon ami David Moody en avait assumé la mise en scène dans la version qu'Orson Welles avait dirigée à l'âge de vingt-deux ans au Mercury Theater à Broadway. C'était donc en costume moderne de nazi[2]. J'étais très beau dans mon costume de SS. Il existe encore une photo mais Régine, pour des raisons qui la concernent, l'a rangé quelque part dans notre grenier. Un soir, Max Ophuls est venu regarder son fils sur scène. Ce soir-là, toute l'équipe avait un trac monstre. Après la représentation, mon père est venu dire quelques mots gentils à Jules César, à Marc-Antoine et à tous les autres. Puis je l'ai raccompagné à sa voiture et je lui ai demandé : « Et alors, moi, comment j'étais ? » Il a hésité

1. Dans ce documentaire, que j'ai réalisé en 1970, je pars à la recherche de nombreux amis et personnages de l'époque où j'habitais aux États-Unis pour, à partir de ces retrouvailles, faire un portrait de l'Amérique d'il y a quarante ans.

2. Max Ophuls disait : « C'est idiot de mettre les comédiens en costume moderne pour faire contemporain. Ou bien la pièce tient le coup comme tout Shakespeare, ou bien son humour, par exemple, semble dépassé, et alors les pauvres comédiens se rendent ridicules. »

un moment puis il m'a dit : « Zewen, tu ne crois pas que tu es un peu trop jeune ? »

En 1948, pendant les grandes vacances, je me suis débrouillé pour me faire payer mon premier retour en France et en Suisse par Occidental : je servais de guide à une vingtaine de mes camarades. Je leur ai fait visiter Paris et les châteaux de la Loire. À Valençay, dans les jardins à la française, nous avons rencontré dans le parc, par une chaleur intense, un pauvre GI tout seul qui, pour des raisons mystérieuses, portait son uniforme d'hiver. Je lui ai demandé si ces châteaux lui plaisaient et il m'a répondu : « *Chatoos and chatoos and chatoos. All built by a different Louis. And they all look the same.* » [« Des châteaux, des châteaux et des châteaux. Tous construits par un Louis différent, mais qui se ressemblent tous. »]

Lors de ce voyage en Europe, avec cinq ou six de mes camarades, nous sommes montés à Zermatt. J'y allais principalement pour voir ma tante qui, comme toujours, habitait dans le meilleur hôtel de la ville. Dès que mes amis étudiants ont aperçu le mont Cervin par la fenêtre du train, ils se sont exclamés : « Il faut monter là-haut ! » Ce n'était pas du tout mon intention mais j'avais appris chez les Japonais qu'il ne faut jamais perdre la face. Nous avons donc pris un guide pour faire le Matterhorn en deux jours. Il n'y a que les derniers trois cents mètres qui sont vraiment difficiles. Parvenus au sommet, où l'on a juste la place de s'asseoir dans la neige ou de tomber, soit en Suisse, soit en Italie, je crois bien que nous avons ouvert une demi-bouteille de champagne. La descente, c'est bien connu de tous les alpinistes, est souvent plus difficile que la montée. Nous étions tous gais comme des pinsons, mais le guide a dû me porter sur son dos. Chez moi, dans ma maison de Lucq-de-Béarn, mon certificat attestant cette petite escalade est placé juste derrière mon Oscar reçu pour *Hôtel Terminus.*

Pendant tout ce temps, Donald Loftsgordon poursuivait ses brillantes études et rentrait chez lui tous les soirs. Après quatre ans à Occidental, il a reçu la Rhodes Scholarship[1] (il n'y en a jamais que deux par État et par an) pour continuer ses études à Cambridge. C'est là qu'il est devenu l'un des étudiants préférés du grand Ludwig Wittgenstein[2]. La dernière fois que j'ai vu Don, ce fut lors de la visite qu'il nous a rendue, à Régine et moi, à Achères-la-Forêt, où nous avions acheté une fermette, juste avant le tournage de *Peau de banane.* Elle est à soixante kilomètres de Paris par l'autoroute, à la lisière de la forêt de Fontainebleau, et vaut maintenant des millions d'euros. Don a essayé de nous expliquer la philosophie de Wittgenstein. Tout ce que j'ai retenu de ses longues explications tient en une phrase : « *Ordinary conversation is all right.* » [« Une conversation banale est acceptable. »] Deux ans après, pour l'amour malheureux d'une femme, Don s'est pendu.

Aujourd'hui, tout l'immeuble d'Occidental qui abrite les classes de philosophie, de psychologie et des autres sciences humaines, porte son nom : Donald F. Loftsgordon. Lorsque, des décennies plus tard, Barack Obama est venu faire deux ans d'études à Occidental, il a dû passer plusieurs fois par jour dans cet immeuble. C'est quand Don et moi étions à *good old Oxy* que la première personne noire a été admise parmi nous. Elle est ensuite devenue médecin quelque part dans le Michigan[3].

---

1. Une bourse prestigieuse.
2. Jean-Paul Sartre, dans *Les Mots*, disait de lui : « Quand j'essaie de lire Wittgenstein, au bout d'un moment, je préfère reprendre la lecture d'un roman de la Série noire. » Jalousie professionnelle ?
3. Elle est aussi un personnage important dans *À la recherche de mon Amérique.*

Il y avait là aussi mon ami Sven Nielsen, un étudiant suédois qui est devenu un très éminent physicien dans son pays. En deuxième année, nous nous sommes enrôlés ensemble à Berkeley, pendant l'été, moi en philo, lui en physique. Un beau matin, Sven m'a emmené, encore à moitié endormi, assister à un cours de Robert Oppenheimer, le « père » de la bombe atomique. Le professeur était très bronzé, très relax, et ne faisait que traverser les trois quarts de la petite pièce en inscrivant des formules mathématiques sur un tableau noir tout en les commentant. De temps en temps, il faisait une blague, également mathématique. Chaque fois qu'il riait de son « *joke* », je riais avec lui, tandis que tout autour de nous, les étudiants avaient le nez plongé dans les notes qu'ils prenaient. À la fin, Oppenheimer a foncé vers moi, puisque j'étais le seul à ne pas avoir pris de notes. « Tirons-nous vite, me dit Sven, il pense que tu es un surdoué comme lui. »

19

JAMES MASON

Quand Max Ophuls, qui, parce qu'il avait l'oreille très fine et était un merveilleux imitateur de tous les dialectes allemands, voulait personnifier le rôle d'un Anglais, c'était toujours James Mason qui sortait de sa bouche, avec l'accent allemand bien entendu. Ce grand acteur britannique était venu à Hollywood en 1948 et son premier film aux États-Unis avait été *Caught*, sous la direction de mon père[1]. Max Ophuls et James Mason sont immédiatement devenus de grands amis et ont tout de suite enchaîné le dernier film de mon père à Hollywood, *Les Désemparés* [*The Reckless Moment*] en 1949.

En 1962, pour des raisons assez mystérieuses, le président du Festival de Berlin avait programmé, hors compétition mais en soirée d'ouverture, le petit sketch allemand que j'avais réalisé pour *L'Amour à vingt ans*[2]. À l'époque,

1. Enterprise Studios, c'est-à-dire Wolfgang Reinhardt, le fils de Max Reinhardt, avait donné le choix à Mason de jouer soit le méchant, soit le médecin amoureux de Barbara Bel Geddes. Il avait choisi ce dernier rôle. Il y avait aussi une clause dans son contrat lui permettant de faire virer le réalisateur au bout de trois jours. Le quatrième jour, il est allé voir Reinhardt pour lui dire : « *Forget it !* »

2. *L'Amour à vingt ans* est un film à sketchs, réalisés entre autres par François Truffaut, Andrzej Wajda et moi, sorti en 1962.

et je ne sais pas du tout si c'est encore le cas, les films passaient sur d'immenses écrans à des heures différées dans les plus grands cinémas de la ville et on traînait les délégations d'un grand cinéma à l'autre dans plusieurs limousines séparées. On nous faisait attendre la fin de la projection dans la pénombre derrière l'écran où, comme si souvent, on pouvait, dans des verres en plastique, consommer du champagne tiède. Il n'y avait cette année-là que deux délégations devant ces écrans, l'américaine et la française. Alors que *L'Amour à vingt ans* était diffusé, il y avait, d'un côté de la scène, dans la semi-obscurité, M. Jimmy Stewart qui, avec ses tempes argentées, ressemblait à un ambassadeur des États-Unis particulièrement distingué, une actrice américaine qui, me semble-t-il, était Grace Kelly et le grand James Mason. François Truffaut, Françoise Arnoul, Jean-Paul Belmondo[1] et moi nous tenions de l'autre côté à droite. Nous étions tellement impressionnés qu'aucun de nous n'a osé franchir les cinq mètres pour aller se présenter aux Amerloques. À la troisième ou quatrième présentation du film c'est donc un personnage de la délégation américaine qui a franchi la distance nous séparant. C'était James Mason. Il est venu vers moi et m'a dit : « *I don't know if you know me. I was a great friend of your father. My name is James Mason.* » [« Je ne sais pas si vous me connaissez. J'étais un grand ami de votre père. Mon nom est James Mason. »] Encore aujourd'hui, je me demande s'il ne cherchait pas aussi à me faire remarquer mon manque de courtoisie à son égard.

En 1947-1948, les Allemands avaient encore très froid en hiver et Mason, qui tourna avec mon père coup sur coup

1. À chaque étape de cette longue nuit, Bébel montait sur scène pour faire son petit numéro, drôle, bien sûr. Plus tard, pendant le tournage de *Peau de banane*, son meilleur numéro était une imitation bidonnante de Michel Simon.

Caught et *The Reckless Moment*, lui demanda à qui il pourrait envoyer des costumes là-bas pour les tenir au chaud. En 1952, quand je suis rentré pour la première fois dans mon pays natal, deux amis de notre famille portaient encore les fringues de James Mason, Jan Schleiermacher et son frère Detten. Ils étaient les fils d'un industriel de chez Siemens et Jan fut, je crois, l'amour de la vie de ma femme.

20

NOUS RETROUVONS NOTRE PATRIE D'ADOPTION

« *The last time I saw Paris, her heart was young and gay in every street café.* »

Cole PORTER

« *Home is where you hang your hat.* »

Anonyme

Aucun des quatre films réalisés par Max Ophuls à Hollywood n'a vraiment marché. Néanmoins, et comme toujours, tous les comédiens et comédiennes, Joan Fontaine, James Mason, mais aussi Montgomery Clift, Joan Bennett et donc également les producteurs étaient au rendez-vous. À la Columbia, Harry Cohn et Walter Wanger l'aimaient beaucoup. Après *The Reckless Moment*, Wanger et Max Ophuls eurent quatre projets, dont *La Duchesse de Langeais*, qui devait marquer le come-back de Greta Garbo avec Mason comme partenaire.

En vue de préparer ce film, en 1949, mes parents sont donc retournés sur le Vieux Continent dans un paquebot de la Compagnie générale transatlantique, le vieux *De Grasse*. Cette fois-ci en première classe. Tous les soirs, ils dînaient à la table du capitaine. Comme j'étais encore à Occidental, mon père m'a envoyé une lettre à ce sujet dans laquelle il m'écrivait : « Avant la guerre, Zewen, à la table du capitaine, il n'y avait que des banquiers et des aristocrates. Maintenant, il y a des célébrités du show-biz, et je me demande si ce n'était pas mieux avant. » À leur arrivée en Europe, à Rome, mes parents ont été installés dans une suite royale de l'hôtel Excelsior aux frais de Walter Wanger et de la Columbia. La grande Garbo, fuyant les paparazzis, est venue tourner des essais pour *La Duchesse de Langeais*. Les finances de Walter Wanger, à ce moment de la vie, étaient malheureusement à sec. Un peu plus tard, il a essayé de tuer l'amant de sa femme, Joan Bennett. Pour cette tentative d'assassinat, il a fait six mois de prison et a été condamné, cher lecteur, devinez à quoi ? À faire un film documentaire d'utilité publique. Wanger a fini par revenir vivre avec sa femme et ce pendant encore une vingtaine d'années.

La Duchesse de Langeais étant tombée à l'eau, Greta Garbo est rentrée à Hollywood et elle n'a plus jamais essayé de faire de come-back. Mais Max Ophuls et sa femme restèrent à l'hôtel Excelsior, sans doute sans pouvoir payer la note. Très vite, Ralph Baum, l'ancien assistant de ses films européens, est venu leur rendre visite pour lui dire : « Max, il y a un film à faire à Paris dont la distribution est déjà presque entièrement terminée. Il s'agit de *La Ronde* de Schnitzler, que tu connais bien. » Mes parents sont donc rentrés à Paris, à l'hôtel du Prince de Galles, et le grand Max a écrit très vite, avec Jacques Natanson, un scénario qu'il a tourné en six semaines.

Pendant la préparation de *La Ronde*, tous les matins, quand mon père arrivait au bureau de Sasha Gordine, ce Juif russe flambeur et toujours fauché, il y avait, dans l'antichambre, un jeune acteur aux cheveux longs, mal rasé, en costume de zazou, qui passait ses nuits dans les boîtes de Saint-Germain-des-Prés, et qui attendait sa convocation avec beaucoup de patience. Ralph disait à mon père : « Tu sais, tu devrais quand même le recevoir. Il pourrait, face à Simone Simon et Danielle Darrieux, jouer le jeune homme de bonne famille. » C'était un des rôles qui n'étaient pas encore distribués. « De bonne famille, disait mon père. Non, Ralph, mais tu rigoles ! » Ce jeune acteur, qu'il a fini par recevoir et par engager, s'appelait Daniel Gélin[1].

Quand *La Ronde* fut terminée, j'étais moi aussi revenu en France. Sasha Gordine avait organisé une avant-première du film, au mois de juin, avant les grandes vacances, dans la grande salle du palais de Chaillot. Tout le monde était en tenue de soirée. Au premier rang du balcon, il y avait, à droite de Max Ophuls, Danielle Darrieux, et tout autour d'eux étaient assis Gérard Philipe, Daniel Gélin, Fernand Gravey, Simone Simon, Jean-Louis Barrault, Serge Reggiani, Simone Signoret et Anton Walbrook, le vieux copain de Max Ophuls sous la république de Weimar qui jouait dans le film le meneur de jeu, une invention de mon père. Dans l'orchestre, également en smoking, le petit Marcel était assis avec Jimmy, qui avait été mon voisin de chambre à Occidental.

---

1. Par la suite, j'ai très bien connu Daniel. Vers la fin de sa vie, il ne faisait plus que du jardinage. Il a écrit un très beau livre à ce sujet. Dans un très mauvais film dont j'étais « directeur de dialogues » et pendant lequel je passais mon temps à jouer au *gin rummy* avec la merveilleuse Lilli Palmer, il jouait le méchant espion, un peu comme dans *L'Homme qui en savait trop* d'Alfred Hitchcock. Un soir, Daniel et moi, après le tournage, nous nous trouvions dans le coin d'un petit bar dans un hôtel à Genève. Debout à ce bar se trouvait une princesse Tutsi avec ses deux gardes du corps hutus. Elle faisait deux mètres et était formidablement belle. Pendant qu'elle était là, Daniel, comme mon père avant lui et André Harris après lui, cherchait à me donner des leçons de séduction, mais ce soir-là, c'est quand même moi qui suis parti avec la princesse. Nous avons dansé tout le reste de la nuit. C'est elle, bien entendu, qui me guidait, car la vérité est que je ne sais pas danser.

Comme mon père me le faisait souvent remarquer, *La Ronde* a été écrite par le Dr Schnitzler quand il était tout jeune, et donc un peu cynique, tandis que *Liebelei*, ce drame romantique, a été écrit par le même homme lorsqu'il avait quarante ou cinquante ans. Le principe de *La Ronde* est que A rencontre B, B rencontre C, C rencontre D, etc. Lors de cette avant-première, après le dialogue entre Barrault et Isa Miranda, celui entre Miranda et Gérard Philipe ou celui entre Gérard Philipe et Simone Signoret, vers la fin du film, donc, les spectateurs se sont mis à siffler, sans doute lassés par un scénario trop répétitif[1].

En septembre, *La Ronde* est sortie au cinéma Le Balzac. Et c'est à partir de ce moment que le film a commencé à devenir un succès mondial. Au cinéma Le Colisée, sur les Champs-Élysées, passait un autre film à sketches, *Souvenirs perdus*, également interprété par de grandes vedettes[2]. Deux ou trois fois, Max Ophuls et moi avons fait semblant de sortir de la dernière séance. À haute voix, mon père disait à peu près ceci : « Ah, *Souvenirs perdus*, c'est très bien. Vraiment très bien. Mais *La Ronde*, c'est tellement mieux ! »

Pendant ce temps, je cherchais à continuer mes études de philo à la Sorbonne. Par piston, j'ai obtenu un rendez-vous

---

1. C'est après ce désastre que mon père m'a raconté que Marlene Dietrich lui avait envoyé un télégramme ainsi conçu : « Max, j'aimerais jouer la comédienne. Suis libre et pourrais venir à Paris tout de suite. » Signé Marlene Dietrich. « Et alors, ai-je demandé à mon papa, pourquoi ne l'as-tu pas prise ? » Et il m'a répondu : « Si elle m'a envoyé ce télégramme, c'est qu'elle n'est plus au top du box-office. Et si elle n'est plus au top au box-office, je n'en veux pas. » Mais il faut ajouter aussi qu'Isa Miranda, avant guerre, au moment de *La Signora di Tutti*, avait été sa maîtresse. La décision de mon père ne fut pas formidable, chères lectrices et chers lecteurs. Vous rendez-vous compte ce qu'aurait donné une scène entre Marlene et Gérard Philipe ? Nous ne sommes pas, ni les uns ni les autres, sympathiques tous les jours de l'année.

2. Je l'ai revu récemment sur Ciné Classic, il ne vaut pas un clou.

avec Gaston Bachelard et, surtout, avec Jean Wahl. Je ne me souviens pas de l'entretien avec le professeur Bachelard mais très bien de celui avec le professeur Wahl. Il fumait une cigarette après l'autre et, sur les épaules de son costume, on pouvait voir des pellicules. Je lui ai proposé une thèse sur les rapports entre la philosophie et la mode. Jean Wahl m'a répondu : « Ce n'est pas sérieux, monsieur Ophuls[1]. Puisque vous êtes plus ou moins américain, pourquoi ne pas faire une comparaison entre William James et Henri Bergson ? » Et je crois lui avoir répondu : « Mais monsieur le professeur, je pense que William James est un très grand philosophe et qu'Henri Bergson est un fumiste. »

C'est à la suite de cette entrevue que j'ai décidé de mettre un terme à mes chères études et que j'ai traversé la Seine pour me réfugier dans le cinéma.

1. Plus tard, Roland Barthes a écrit *Le Système de la mode.*

21

LES ANNÉES D'ASSISTANAT ASSISTÉ

Toujours grâce au piston, j'ai été recruté pour travailler sur une série de télévision américaine qui s'intitulait *Le Capitaine Galant de la Légion étrangère*. Les vedettes de ce pur chef-d'œuvre, constitué de trente-deux épisodes, étaient Buster Crabbe, un ancien Tarzan qui avait un peu grossi, et son fils de neuf ans, Cuffen Crabbe. Alors que le tournage avait commencé, les *scenarii* n'étaient pas encore terminés et les auteurs, de série C, étaient bien contents de venir d'Hollywood, tous frais payés, pour séjourner à Paris pendant deux ou trois mois. Le producteur était Harry Saltzman, qui devint par la suite le créateur de James Bond. André Smagghe était le premier assistant. Il était très beau et portait toujours des lunettes noires de pilote. Au début, je le trouvais peu sympathique, mais nous sommes devenus très vite de grands amis. Il avait déjà beaucoup d'expérience alors que je n'en avais aucune[1]. Le patron d'André se

1. Qu'est-il devenu ? Je n'en sais rien. Par la suite, il a dirigé la deuxième équipe de ce grand film de Billy Wilder, *One Two Three*, avec James Cagney. C'était peu avant la construction du mur de Berlin, et un matin, André, tandis qu'il cherchait le bon angle pour placer sa caméra, dit à l'équipe : « Encore un peu plus à droite. » Et soudain, il s'est trouvé dans les bras d'un Vopo. Une ou deux semaines après, le mur de Berlin a été construit et le reste des extérieurs a été tourné à la Bavaria de Munich. La femme d'André

nommait Jean Yarbrough. Il était saoul du matin au soir. Le mien, un type formidable, était Sam Newfield. Il avait une grosse tête toute grêlée par la petite ou la grande vérole. Au studio de Neuilly, qui n'existe plus depuis au moins quarante ans, nous tournions des scènes de souk et, comme le scénario n'était pas encore écrit, dès qu'on avait tourné un plan, Sam Newfield faisait pivoter la grande Mitchell et tournait dans une autre partie du décor qui ne faisait pas plus de dix ou quinze mètres de long. J'ai beaucoup appris avec Sam. Après le travail, nous partions en virée tous les deux dans les boîtes de nuit de Saint-Germain-des-Prés. Un soir, deux superbes nanas nous ont emmenés dans une boîte où un pianiste jouait et chantait. Comme Sam ne parlait pas français, il a commencé à se marrer et, en bon assistant, je me suis marré avec lui. Les filles étaient scandalisées et se sont levées en nous abandonnant à notre triste sort. Ce pianiste et chanteur s'appelait Léo Ferré.

Les extérieurs de la série, pour les trente et quelques épisodes d'une demi-heure, se sont tournés dans le Sud marocain, à Ouarzazate principalement, car Harry avait une combine avec le gouvernement français et le sultan du Maroc. Nous étions parmi les Touaregs, les hommes bleus, ceux qui maintenant prennent des otages et pratiquent le terrorisme. Ils étaient d'une hospitalité formidable. Tandis que Yarbrough, la tête couverte par un parasol de fortune, cuvait son vin, André faisait passer des chameaux devant la caméra, une fois de gauche à droite et une fois de droite à gauche, en demandant de temps en temps à son réalisateur : « Ça vous convient, monsieur Yarbrough ? »

était la très belle Michèle Mercier, celle qui a été la vedette d'*Angélique, marquise des anges*. Elle est surtout la comédienne qui, dans *Antoine et Colette* de Truffaut, chante les seins nus. Ses seins étaient superbes. Malheureusement, je ne l'ai jamais connue.

Dans cette superproduction, il n'y avait pas assez d'argent pour engager des cascadeurs professionnels. Les Touaregs, bien entendu, jouaient les méchants à cheval. Face à Buster et Cuffy et des figurants de la Légion étrangère, laquelle légion, à ma connaissance, n'est jamais montée à cheval, c'est moi qui, masqué, menais la charge contre nos braves soldats.

Un matin, toujours costumé en affreux touareg, je devais sauter d'un mur haut de deux mètres sur Buster qui me disait : « N'aie pas peur Marcel, deux mètres c'est rien du tout. Saute voyons, saute. » J'ai donc sauté. Il ne m'a pas rattrapé et je me suis fracturé la jambe gauche. En rentrant un peu plus tard au studio de Neuilly pour aller chercher les comédiens dans leurs loges, j'étais tout fier de porter une canne, comme James Mason dans *Le Septième Voile*. Mais avant de rentrer à Paris, il m'a fallu, tout seul, tourner quelques travellings arrière avec Buster et Cuffy chargeant au galop contre ces sales arabes. Entre-temps, Harry Saltzman avait trouvé de l'argent pour engager un ou deux cascadeurs professionnels. Le chef en était Claude Carliez que j'ai retrouvé bien des années après en tournant mon navet avec Eddie Constantine[1]. Claude était un ancien de Saumur et nous étions chargés par la production d'aller retrouver à Rabat un régiment de spahis, régiment d'élite bien entendu. Il a fallu expliquer au colonel que nous devions recruter, sur une plage, pour le surlendemain des spahis déguisés en soldats de la Légion étrangère. Ce n'était pas du gâteau mais Claude a su convaincre cet officier aristocrate. Deux jours plus tard, les spahis partis à l'aube de Rabat se sont retrouvés sur une longue plage, *ready to shoot*. Malheureusement, il n'y avait pas de voiture travelling, je n'avais pas eu le temps

1. *Feu à volonté* (1965).

d'en récupérer une. Tout au bout de la plage, il y avait un petit bistrot. J'y suis allé et j'ai demandé s'ils possédaient une Jeep mais ils n'avaient qu'une vieille bagnole sans frein et avec une seule vitesse. Nous avons installé la caméra sur la plateforme arrière de cette voiture et nous avons tourné toute la journée.

Je n'ai jamais vu les aventures du capitaine Galant et j'ai quitté André, Buster et les autres après le premier épisode. Mais je suis encore fier aujourd'hui que le générique des trente-deux épisodes commence par mon travelling arrière.

Juste après les aventures du capitaine Galant, je suis devenu assistant stagiaire dans un film d'Henri Diamant-Berger, *Monsieur Fabre*, dont la vedette était Pierre Fresnay. Comme chaque cinéphile devrait le savoir, cet immense acteur avait eu quelques ennuis à la Libération parce qu'il avait été la vedette du *Corbeau* que Clouzot avait tourné pour la Continental[1]. Très vite, M. Fresnay-Fabre eut de l'amitié pour moi et me prit sous son aile. Il était, et est resté jusqu'à sa mort, le mari d'Yvonne Printemps, qui avait au moins dix ans de plus que lui et qu'il avait chipée avant guerre à Sacha Guitry. Il l'appelait toujours Mme Printemps et, vers 17 heures, me disait : « Marcel, veuillez dire au réalisateur que je pars à la régie. Il faut que j'aille téléphoner à Mme Printemps[2]. »

---

1. La société de production qui avait été créée et dirigée par les Allemands pendant la guerre.

2. Bien des années plus tard, quand Max Ophuls cherchait encore qui prendre pour endosser le rôle du général dans *Madame de...*, je lui ai dit un jour : « Pourquoi pas Pierre Fresnay ? » Il m'a répondu : « Zewen, je ne le connais pas. Sois gentil, écris-lui un petit mot de ma part. » Je l'ai fait. Et quelques jours après, la réponse m'est parvenue : « Cher Marcel, j'accepterais avec joie ce rôle. Malheureusement, je ne peux pas parce que Mme Printemps rêve de jouer Madame de... Amicalement, Pierre Fresnay. »

Les extérieurs de *Monsieur Fabre* étaient tournés à Orange. Fresnay est arrivé à l'hôtel où nous logions tous, accompagné d'Yvonne Printemps. Le premier soir, avant le dîner, je suis monté dans ma chambre pour me raser. Ce faisant, je chantais plusieurs chansons de *Trois Valses* d'Oscar Straus[1] et de Ludwig Berger : « Je t'aime, quand même... » Les cloisons ne devaient pas être très bien insonorisées car, en descendant l'escalier avec M. Fresnay, il m'a dit : « Vous savez bien que je chante faux, Marcel, mais Mme Printemps trouve que vous avez une fort jolie voix. »

C'est lui qui m'a fait engager, comme deuxième assistant, pour un film réalisé par Yves Ciampi et qui s'intitulait *Un grand patron*. Le chef opérateur était Claude Renoir[2]. On tournait les intérieurs aux studios de Billancourt et les extérieurs à la Pitié-Salpêtrière[3].

Un soir, après le tournage, à la cantine de Billancourt, Yves Ciampi m'a demandé : « Sais-tu, Marcel, pourquoi tu ne travailles pas beaucoup ? » J'ai répondu : « Ben

---

1. Oscar Straus, que mon père appelait toujours le maître Straus, car c'est lui qui avait fait la musique de *La Ronde* et de *Madame de...*, a eu la plus belle mort que l'on puisse imaginer. Un jour, en 1952, à Bad Ischl, dans sa villa, il s'est installé dans son fauteuil préféré, avec un bon cigare et un verre de brandy, et il a demandé à sa femme de mettre sur le gramophone *Rêve de valse*. Quand le disque fut terminé, il était mort.

2. Claude Renoir était très mélancolique. C'était souvent le cas chez les grands opérateurs et dans son cas, c'était particulièrement flagrant. Quand, entre les prises, il avait terminé son travail, il s'asseyait dans son fauteuil, tout seul, face au mur du studio. Lorsque j'ai pu réaliser mon court-métrage sur Matisse, j'ai téléphoné à Claude et je lui ai demandé : « Tu ne pourrais pas me recommander un jeune de ton équipe ? » Il a répondu : « Oui, mon cadreur, Andreas Winding. » Pendant le tournage, un soir, celui-ci m'a dit : « Mais dis donc, Marcel, tu as beaucoup vexé Claude. » Et je demandai : « Mon Dieu, mais pourquoi ? » Et il a répondu : « Mais il aurait voulu faire la photo lui-même, voyons ! »

3. Le premier assistant était Jean-Jacques Vierne. Il est resté mon ami à la vie à la mort.

non, Yves, sans doute parce que je ne suis pas un très bon assistant. » Et il a dit : « Mais non, tu es un assistant comme un autre. On ne t'engage pas souvent parce qu'on a tous la trouille que tu ailles raconter nos conneries à Max Ophuls. »

Un beau jour, Romulus Films m'a téléphoné pour me dire que John Huston cherchait un assistant bilingue pour tourner les extérieurs de *Moulin Rouge* à Paris, un film sur la vie de Toulouse-Lautrec. Est-ce que mon papa était pour quelque chose dans cette proposition ? Je ne sais pas mais Huston était son ami et c'est une hypothèse probable. Huston avait presque la même voix que Preston Sturges et, en descendant un escalier avec lui, j'ai dit : « *Mister Huston* » et il m'a répondu : « *Just call me John.* »

Le premier jour de tournage, extérieur-nuit, Toulouse-Lautrec devait sortir du fond d'une cour d'un immeuble quelconque dans le XVIIIe arrondissement. Le premier assistant, Adrian Pryce-Jones, était anglais et posté à côté du metteur en scène. Dans la rue, il s'agissait de faire passer un fiacre de droite à gauche. Toute la rue, parce que le film était en Technicolor, était éclairée d'immenses projecteurs que l'on appelle des « arcs ». J'étais chargé, à cinquante mètres du lieu du tournage, de faire passer ce fiacre. Après avoir dit « Moteur », Adrian m'a envoyé un signal, que je n'ai pas entendu. Quelqu'un s'est élancé vers moi pour me dire que j'avais fait louper la prise. Je le vois encore courir vers moi dans la lumière des arcs. « Marcel, criait-il, il faut la refaire ! » C'était John Huston !

José Ferrer, dans le rôle de Toulouse-Lautrec, n'était bien entendu pas un nain. Dans certains plans, on le voyait marcher à genoux, auxquels étaient attachées des bottes.

Parfois, un vrai nain prenait sa place dans l'image, dans le même plan, en sortant de derrière un char à bancs.

C'était l'époque où le cinéma américain pouvait réquisitionner la moitié de Paris pour tourner ses extérieurs. Un jour, à une table des Deux Magots, José Ferrer était attablé avec Zsa-Zsa Gabor et Corinne Marchand. Le boulevard Saint-Germain était bloqué depuis le palais Bourbon jusqu'à la place Saint-Michel et nous faisions, Adrian et moi, passer des chevaux, un autobus à deux étages tiré par une vieille jument et je ne sais plus quoi encore. Cela a pris toute une journée de travail.

John Huston était un homme très drôle mais son humour était plutôt cruel. Dans chaque film, c'était connu, il choisissait une tête de Turc pour laquelle il imaginait des blagues très élaborées. Pendant ces cinq ou six semaines de tournage, j'étais devenu peu à peu son assistant pour arranger ces mises en scène. Dans *Moulin Rouge*, son souffre-douleur s'appelait Elliott Ellishofen qui était à l'époque le photographe le plus réputé aux États-Unis pour son utilisation de la couleur. Huston avait fait sa connaissance dans un bar de Manhattan et lui avait demandé conseil pour tourner *Moulin Rouge* qui était son premier film en couleur. Mais comme il avait engagé par la suite un des meilleurs chefs opérateurs du monde, Oswald Morris, Elliott ne lui servit plus à rien sur le tournage. Sans doute grassement payé, celui-ci restait à l'hôtel. Une nuit, vers 1 heure du matin, Huston a téléphoné à Elliott : « *Can you come right away, Elliott ? I need your advice*[1]. » Ce très grand photographe s'est amené au pas de course une demi-heure plus tard sur le pont Alexandre-III. Mais John et le petit Marcel s'étaient arrangés pour qu'il se

1. « Peux-tu venir tout de suite, Elliott ? J'ai besoin de ton avis. »

fasse immédiatement arrêter par les flics et passe la nuit au poste[1].

Deux semaines après, nous tournions au cirque Medrano puisque les chefs-d'œuvre que Toulouse-Lautrec en a tiré sont innombrables. Comme tous les grands cinéastes, John Huston était un homme curieux et il avait demandé depuis longtemps à la doublure de José Ferrer ce qu'elle faisait dans la vie courante. Le nain lui avait répondu : « Quelquefois, monsieur Huston, je joue un homme gorille. »

Nous avions beaucoup de temps à perdre entre les plans. Comme dans tous les grands cirques, il y avait dans les couloirs derrière la piste les chevaux des écuyères, mais aussi des cages pour les fauves. Une fois encore, Huston a téléphoné à Elliott pour lui demander conseil. Ellishofen a rappliqué dare-dare. Lorsqu'il est arrivé, Huston, comme il le faisait toujours, a mis son bras autour de ses épaules et a fait quatre fois avec lui le tour de la piste en lui parlant à l'oreille. Puis, lentement, il est sorti par une des quatre portes en se dirigeant vers la cage des gorilles. Toute l'équipe était au courant et attendait ce moment. Il y avait une porte en acier qui était restée entrouverte. Écoutant avec attention les conseils d'Elliott, John Huston s'est approché de l'une des trois cages en contemplant l'un des gorilles. Soudain, le gorille s'est levé et a grogné en saisissant les barreaux de sa cage dont la porte était également entrouverte, et il en est sorti. Elliott, c'est bien compréhensible, a été pris de panique et s'est rué sur la porte en acier qui entre-temps s'était refermée. Il a frappé, cogné contre cette porte, alors que nous étions dehors en train de nous marrer

1. À cette époque, les Américains payaient les heures supplémentaires d'abord en bronze, ensuite en argent, puis en or. Dans mes années d'assistanat, je n'ai jamais été aussi riche que pendant le tournage de *Moulin Rouge*.

et, c'est tout à son honneur, a crié : « *Huston is inside ! Huston is inside*[1] *!* » Le grand réalisateur lui a ouvert la porte et ils sont sortis tous les deux. Ellishofen tremblait de peur.

Ensuite, mon patron est devenu Julien Duvivier dans ce qui fut, sans aucun doute, le moins bon film de sa carrière, *Marianne de ma jeunesse.* Ce film fut tourné en deux versions, en français et en allemand. *Marianne* témoigna sans doute de la vision romantique de l'Allemagne que se faisait ce grand cinéaste français. Il fallait décorer la moitié de la Bavière de brume matinale et des oiseaux plus ou moins sauvages devaient venir se poser sur les mains de Pierre Vaneck qui jouait de la guitare à travers les forêts. C'était une histoire d'adolescents en culottes courtes à la tyrolienne, qui passaient leur temps devant un lac où, de l'autre côté, se trouvait un château enchanté où habitait Marianne. Tout autour de ces garçons, il fallait installer des biches[2]. On essayait de les attacher avec du fil de nylon et chaque fois qu'on mettait en route les machines agricoles chargées de répandre le brouillard, deux ou trois pauvres biches se cassaient une patte.

Dans ce film, Julien Duvivier était très dur avec tout le monde car sa femme, logée au Schloss Fuschl, une immense villa construite par Joachim von Ribbentrop, était en train de mourir d'un cancer. Je me souviens qu'un jour, l'équipe de tournage installée sur une grande pelouse bavaroise, juste en dessous d'un des châteaux de Louis II de Bavière, Schloss Hohenschwangau, Duvivier m'a dit, assis sur sa haute *director's chair* : « Ophuls, ceci n'est pas un film, c'est un peloton d'exécution. » Il virait tout le monde, y compris

1. « Huston est à l'intérieur ! Huston est à l'intérieur ! »

2. Quand le film est sorti en Allemagne, Gunter Groll a écrit : « Les biches à elles seules ne font pas la poésie. »

le très grand Eugen Schufftan, aimé et apprécié par tous les électriciens de son équipe, mais qui a sans doute été trahi par quelques nazis au laboratoire de la Bavaria qui avaient salopé son image. Quand je suis allé chercher Schüffchen dans sa chambre d'hôtel il m'a dit : « Ne t'en fais pas Marcel, je sais ce qui m'attend en bas et tu n'y es pour rien. » L'année d'après, il a pris sa revanche à Hollywood en gagnant un Oscar pour *L'Arnaqueur* avec Paul Newman.

Le tournage avec Duvivier n'était pas terminé. J'étais désormais le seul assistant du réalisateur puisque tous les autres avaient été virés[1]. Un jour, pour une séquence sur le lac Fuschl, dans le plus splendide paysage de toute l'Autriche, le maître nous demanda de trouver pour le lendemain deux cygnes car il n'y en avait pas sur ce lac-là. Le régisseur Manfred Röder et moi avons donc pris sa petite Volkswagen à la nuit tombée pour aller chercher deux cygnes sur le Wolfgangsee, à quarante kilomètres de là.

Le lendemain, à 9 heures, les deux cygnes que nous avions volés étaient en place. Mais, chaque fois que les machines agricoles se mettaient en marche, ils fichaient le camp. Julien Duvivier, qui gueulait souvent : « Je ne veux pas d'animaux apprivoisés, je veux des animaux dressés ! » a donc demandé que ces beaux oiseaux restent en place. Avec deux lourdes pierres attachées à des cordes, j'ai donc plongé en caleçon dans l'eau très froide pour les ancrer. Les cygnes, animaux fort paisibles, ne deviennent dangereux que s'ils se sentent menacés, et alors leurs larges ailes peuvent facilement casser le bras ou la jambe d'un homme. Affolées, les deux bêtes n'ont pas arrêté de me chier dessus. Mais à midi, les trois ou quatre plans désirés par Duvivier

1. C'est pourquoi au générique de fin du film, que j'ai revu récemment sur Ciné+ Classics, seul mon pseudonyme, Marcel Wall, apparaît.

étaient tournés. Le soir venu, est-ce qu'on a remmené les cygnes chez eux ? Je ne m'en souviens pas.

Dans *Marianne de ma jeunesse*, il y avait aussi la frêle et blonde Isabelle Pia, qui fut mon flirt pendant ce tournage. Je me souviens d'un plan où elle devait nager toute nue dans le lac et sortir par une petite échelle. Il y a eu cinq ou six prises successives et à la fin, elle grelottait de froid et ses lèvres étaient toutes bleues. Qu'est-elle devenue ? Je n'en sais rien.

Pendant ce temps, Max Ophuls était en train d'écrire et de préparer *Lola Montès*. Il m'avait prévenu que si je ne tenais pas le coup avec Duvivier, il ne me prendrait pas comme l'un des nombreux assistants de ce qui allait devenir son dernier film. Un matin, dans la camionnette qui nous amenait au tournage, Ralph Baum, le directeur de production de *Marianne de ma jeunesse*, m'a dit : « Marcel, ton père est en train de devenir complètement fou. Il prévoit un cirque immense, impossible à construire en studio et qui coûtera une fortune. Tu ne veux pas lui écrire pour le ramener à la raison ? » Le soir même, je l'ai fait, en plaidant la cause d'un petit cirque un peu minable qui symboliserait peut-être la déchéance de Lola à la fin de sa vie. Mon père m'a immédiatement répondu : « Oui, Zewen, mais ce qui m'intéresse, ce n'est pas sa déchéance. C'est sa solitude. » Et pour montrer cette solitude, il fallait bien que le décor soit immense.

22

MARLENE DIETRICH

Un jour, mon amie Florence Malraux me téléphone à Neuilly pour me demander si j'aimerais rencontrer Marlene Dietrich qui avait besoin de quelqu'un pour lui traduire des textes en allemand. Je me présente donc le lendemain au Plaza Athénée. On me fait monter dans une somptueuse suite, où la star m'accueille en négligé. Il y avait, pour le petit déjeuner, du champagne et du caviar. Elle avait à peu près soixante ans à ce moment-là, et elle était très belle. Elle se préparait à présenter son tour de chant en Allemagne et voulait que je traduise dans sa langue toutes les critiques, de Las Vegas notamment, qui en faisaient l'éloge. Elle avait la trouille de ce retour dans son pays natal et de se retrouver face à un public allemand.

Traduire en allemand pour Marlene Dietrich, c'est un peu absurde, mais j'ai commencé à le faire. Et elle m'interrompait tout le temps, me disant : « Non, non, ce n'est pas ça ! » et elle traduisait elle-même. Au bout d'une heure, alors que l'on en était encore à la première critique du tas volumineux qu'elle m'avait donné, je lui ai dit : « Écoutez Marlene, vous parlez allemand beaucoup mieux que moi, pourquoi ne faites-vous pas ce travail ? » Ça lui a plu ! Elle a acquiescé en me disant de laisser cela et m'a invité à déjeuner.

On a passé la journée ensemble. On est allés au restaurant, on a dansé, on est passés chez les gouines de la rue de Pontieu[1]... Elle me racontait Sternberg, elle me racontait Lubitsch, elle me parlait de ses amants, de Jean Gabin, de Kirk Douglas. Elle était fabuleuse mais, comme presque tous les gens du spectacle, elle parlait surtout d'elle-même. On est restés seize heures sans se quitter jusqu'à 2 heures du matin, quand je l'ai déposée quelque part dans le Marais, devant un grand portail. Et tout ce temps je me suis demandé : « Est-ce que j'essaye de sauter Marlene Dietrich ou est-ce que je n'essaye pas ? » Je me suis finalement dit : « Elle est trop vieille pour moi... » Quel con ! D'autant plus qu'à cette époque, je sortais souvent mais je baisais rarement.

Des années plus tard, alors que j'étais à New York, c'était bien après *Le Chagrin et la Pitié*, un imprésario, qui me semblait plutôt louche, m'a proposé de faire un documentaire sur Marlene Dietrich. Je lui ai demandé s'il voulait un film sur Marlene Dietrich ou avec Marlene Dietrich. Il voulait les deux. Et, comme trop souvent, j'ai eu une réaction négative. C'était l'époque où elle vivait toute seule, cloîtrée dans son appartement de l'avenue Montaigne, et j'ai pensé que non, il ne fallait plus montrer Marlene Dietrich à l'écran. Alors, j'ai décliné la proposition qui m'avait été faite. C'est Maximilian Schell, très bon acteur et très bon metteur en scène suisse, qui a filmé et résolu le problème que je m'étais posé. Pour l'avoir à l'image et pas seulement au son, il l'a filmée dans la pénombre. Il fallait sentir Marlene dans la pénombre. C'était évident ! Pourquoi n'avais-je pas eu cette idée ? Schell a fait un très bon documentaire.

1. Elle aimait énormément les hommes, mais elle était totalement bisexuelle, bien sûr.

Chute de l'histoire : il y a quand même de fortes chances pour que ce soit Marlene qui ait dit à l'imprésario qu'elle voulait travailler avec moi. Il avait fallu être con, quand même, pour avoir refusé cette proposition. Très con. Très, très con.

23

LE DERNIER FILM DE MAX OPHULS

« On meurt toujours trop tôt – ou trop tard. »
Jean-Paul SARTRE

Ayant « tenu le coup » avec Duvivier, il a bien fallu que mon père me prenne comme assistant pour cette entreprise monstrueuse qu'est le film le plus cher jamais tourné en France à cette époque[1]. *Lola Montès*, désastre financier pour les producteurs qui l'ont tout de suite massacré, est un chef-d'œuvre. À la fin du tournage, Max Ophuls était devenu cardiaque et en est mort dix-huit mois après.

Comme me l'avait indiqué Ralph Baum en Bavière, mon père était effectivement devenu un peu fou. Il faut dire qu'au départ, devenu très sensible à son propre vieillissement, il pensait pouvoir faire un film en noir et blanc sur les amours tardives entre Lola et Ludwig II, avec Danielle Darrieux dans le rôle principal.

C'est Gamma Films qui lui a imposé Martine Carol, une femme charmante que j'adorais mais qui n'était pas une grande comédienne, ensuite la couleur, ensuite le

1. *Astérix et Obélix au service de Sa Majesté* a certainement coûté dix fois plus cher.

Cinémascope, et enfin – ah mon Dieu – un tournage en trois versions : français, allemand et anglais. Quelle imbécillité ! La Gamma Films, l'Union Films en Allemagne et deux ou trois autres moguls, dont un richissime Italien qui était propriétaire du Lausanne Palace à Lausanne, étaient connus pour avoir des liens étroits avec la mafia. S'il y a donc une chose à laquelle ils ne regardaient pas, c'était à la dépense. Pour tout le reste, ils étaient de sinistres amateurs.

Je n'étais jamais, dans cette mirobolante production, que le troisième ou quatrième assistant, peu importe[1] ! Au-dessus de moi, il y avait l'homme qui peu de temps après est devenu mon témoin de mariage. Il s'appelait Claude Pinoteau.

Sur le plateau, Max Ophuls m'avait dit : « Zewen, devant les autres, nous allons nous vouvoyer comme le font les gens du monde et les vrais Français. » Je lui ai répondu :

1. En fait, ce n'était pas exactement mon premier film aux côtés de mon père. Deux ans auparavant, il m'avait pris comme assistant personnel dans un autre film automnal intitulé justement *Automne*. C'était un merveilleux scénario, écrit avec Peter Ustinov, qui joue ensuite le rôle de l'écuyer de *Lola Montès*. C'était l'histoire d'un chanteur d'opéra qui interprétait *Don Giovanni* au Festival de Salzbourg et qui était dans la vie tout aussi donjuanesque que son personnage. Pendant le festival, sa conquête était une Américaine à peine plus jeune que lui dont il avait ensuite essayé de séduire la fille. Le rôle de la mère avait été confié à Claudette Colbert. La production anglaise avait envoyé sur place à Salzbourg un premier assistant auquel nous avions montré les extérieurs que nous avions repérés à l'intérieur du palais du Festival. Cet imbécile nous déclarait sans arrêt : « L'opérateur exige *even lighting*. » *Even lighting*, à Salzbourg ? Vous vous rendez compte ? Derrière son dos, mon papa et moi nous bidonnions. Tout le monde était réuni au Goldena Hirsch, le meilleur hôtel de la ville, comme d'habitude, où il n'y avait que peu de touristes. Les malles des costumes de Mme Colbert étaient arrivées et déposées dans les couloirs. Le magnifique découpage était prêt à tourner dès le lendemain et le costumier, le grand ami de mon papa et grand artiste Georges Annenkov était là. Nous n'attendions plus que la caméra. Hélas, elle n'est jamais venue.

« Mais enfin papa, nous ne sommes ni des gens du monde, ni des vrais Français. » Peu de temps après, alors que nous étions, en pleine préparation, rassemblés autour de mon papa, et que Jean d'Eaubonne essayait de lui montrer avec son viseur les maquettes des décors qu'il avait préparées (ce qu'il avait essayé si souvent de faire en vain, parce que Max Ophuls ne savait travailler dans un décor que le matin en arrivant sur le plateau), le grand Max, sans se retourner vers moi, laissa tomber en allemand : « *Rotzpuppele bitte hole mir mein agenda von meinem Scrheibtisch* », ce qui veut dire : « Mon petit morveux, va donc chercher mon agenda sur mon secrétaire. » C'en était terminé du vouvoiement.

Ralph Baum, qui me jalousait un peu comme un frère aîné peut jalouser son cadet, m'avait envoyé repérer toute une séquence qui devait être tournée en extérieur. Il s'agissait de montrer le côté carriériste de cette splendide courtisane qu'est Lola Montès qui, en quittant son mari alcoolique en Écosse, prenait un train et passait progressivement de la troisième à la première classe. Il s'agissait donc de trouver, quelque part en France, une voie ferrée sans poteaux télégraphiques, avec beaucoup de tournants pendant lesquels Lola pouvait descendre du train puis remonter. J'avais trouvé la voie ferrée dans l'Ain, à une centaine de kilomètres de Lyon, et le train correspondant dans le musée de la SNCF à Sézanne. Cette séquence manque dans le film. À la dernière minute, Max Ophuls, sur les conseils de Ralph, l'a supprimée[1].

Peu de temps après, toujours pendant cette longue préparation, Max Ophuls m'a envoyé, muni d'un lourd Grün-

1. Jean Renoir faisait remarquer que pour négocier avec les producteurs, il fallait toujours écrire une scène de bal et, à la dernière minute, pouvoir dire : « Bon, d'accord messieurs, coupons la scène de bal. »

dig, enregistrer rive gauche une valse pour le film, composée par Joseph Kosma[1]. Malheureusement, je savais déjà que mon père avait choisi un autre musicien pour être le compositeur de *Lola Montès* : Georges Auric, qui était très à la mode à ce moment-là parce qu'il avait composé la valse de *Moulin Rouge*. En montant les quatre étages par l'escalier en colimaçon, rue Jacob ou rue des Saints-Pères, jusqu'au petit appartement de Kosma pour lui faire passer cette « audition », le Gründig me semblait déjà très lourd à porter. Kosma m'a ensuite joué une valse merveilleuse, bien meilleure que celle d'Auric. J'étais ébloui et effondré. En descendant le même escalier, j'ai été pris d'une paralysie dans les deux jambes. Je me suis traîné jusqu'à la loge de la concierge qui a appelé une ambulance. Le grand Kosma n'a jamais rien su de cet incident. Sans doute s'agissait-il d'un acte manqué dû à la honte qu'avait provoquée en moi la manœuvre de mon père[2].

En ce temps-là, comme pour les tuberculeux, on recommandait l'air pur de la haute montagne aux paralytiques. Sans le dire à personne de l'équipe, mon père m'a envoyé en convalescence à Font-Romeu, une station de ski en Cerdagne. Je n'ai donc pu apporter ma contribution au tournage de *Lola Montès* qu'au bout de six semaines. Seul Ralph, j'imagine, était au courant de ce qui m'était exactement arrivé, mais il n'en a jamais soufflé mot à personne.

À dix kilomètres de Font-Romeu, juste à côté de la frontière espagnole, il y a une bourgade fortifiée du nom de Montlouis. Assez curieusement, c'était un village communiste.

1. « Les feuilles mortes se ramassent à la pelle, les souvenirs et les regrets aussi », et la musique du film de Jean Renoir *Un dimanche à la campagne* !

2. Seize ans après, j'ai pris ma revanche sur l'opportunisme de Max Ophuls et j'ai engagé Joseph Kosma comme compositeur de mon court-métrage sur Henri Matisse.

Deux anciens assistants de mon père siégeaient à la cellule du parti. Max Ophuls les avait chargés de veiller sur son fils. J'ai donc pu participer, et peut-être même intervenir, à deux de leurs réunions.

J'ai rejoint l'équipe du film, qui avait déjà pris beaucoup de retard alors que le tournage avait lieu en haut des montagnes bavaroises. Nous étions au mois de juin et la neige fondait tout autour de nous. Martine Carol, dans son carrosse, s'arrêtait pour demander son chemin à un jeune étudiant qui passait par là (Oskar Werner[1]). Elle était couverte de la tête aux pieds, alors qu'il faisait déjà plutôt chaud, d'une magnifique pelisse en peau de cuir rembourré qui est restée par la suite dans notre famille pendant au moins vingt ans. Mon père avait fait mettre un poêle, dont le tuyau traversait l'intérieur de cette calèche. Une fois arrivé en studio, dans cet espace confiné, Oskar devait, en jeune étudiant amoureux et romantique, se lever plusieurs fois pour s'asseoir d'abord à côté de Martine, ensuite en face, et ensuite de nouveau à côté, en lui tenant son discours. Max Ophuls, de façon pour nous assez mystérieuse, avait fait installer un très court travelling pour suivre l'étudiant dans ses déplacements à l'intérieur de cet espace confiné. On a tourné quatre ou cinq prises dont deux seulement ont été envoyées au laboratoire. Le lendemain soir, les deux prises ont été visionnées par toute l'équipe, et Max Ophuls n'a retenu que celle qui était un tout petit peu accidentée parce que le tuyau de poêle recouvrait la moitié du visage de Lola Montès. Pourquoi ? On se le demande encore. Sans doute n'avait-il pas une très haute estime des talents de comédienne de la si gentille Martine[2].

1. François Truffaut a pris Oskar comme partenaire de Jeanne Moreau dans *Jules et Jim* uniquement parce qu'il l'avait vu dans *Lola Montès*.

2. Un matin, à la Bavaria, Martine m'avait demandé de monter la voir dans sa loge. C'était le jour où Max Ophuls avait promis au producteur de

À Munich, la crise fut déclarée entre les producteurs et mon père. À la suite des retards successifs, les producteurs avaient envoyé des lettres recommandées à Max Ophuls, qui les faisait encadrer derrière du verre et en tapissait sa loge. Par conséquent, le tournage du film fut interrompu pendant quinze jours. Nous ne savions pas, les uns et les autres, ce qui se passait entre les avocats, les huissiers et les parties adverses. Nous en profitions pour nous reposer et faire un peu de tourisme.

Pendant l'arrêt du tournage de *Lola Montès*, on contraignit Max Ophuls à signer, devant notaire, un avenant à son contrat l'obligeant à tourner toute la partie qui se déroule dans le cirque en vingt-quatre jours.

C'est à ce moment-là que la femme de ma vie est entrée dans mon existence. Je l'avais connue très brièvement trois ou quatre ans auparavant, lorsqu'elle était venue à Paris avec son amant, Jan Schleiermacher. Je leur avais alors fait visiter un tout petit bout de la Ville lumière. Une fois, nous étions allés danser au Vieux Colombier et Régine, encore aujourd'hui, nie farouchement s'être mise tout contre moi en dansant. Detten, le frère aîné de Jan[1], qui était un assistant du chef décorateur Jean d'Eaubonne en Allemagne, après le tournage le soir est venu me dire : « Tu te sou-

filmer Lola Montès nue, ou partiellement nue, promesse qu'il n'a d'ailleurs pas tenue. Lorsque j'entrai dans la loge, Martine était nue de la tête aux pieds et complètement maquillée. Seule son habilleuse était à ses côtés. Elle pleurait et le maquillage dégoulinait sur son visage. « Marcel, me dit-elle, je ne peux plus supporter la façon dont ton père te traite sur le plateau ! » Je ne sais plus ce que j'ai répondu. Je crois avoir simplement essayé de la consoler, mais le fait est que mon père me traitait avec une politesse exquise devant les autres. Je crois que c'est ce qu'on appelle en psychanalyse un phénomène de projection, car c'était bien elle que mon père traitait sans doute durement.

1. Ce sont les frères Schleiermacher qui, en 1952, portaient encore les costards de James Mason.

viens de Régine, Marcel ? Elle aimerait bien te revoir. » Le week-end suivant, dans ma petite quatre-chevaux, nous sommes partis ensemble, Régine et moi, Detten et une amie, à travers les paysages splendides de la Haute-Bavière. Dans un petit bled du nom de Bad Tölz, Detten et moi avons fait le vieux coup de la panne sèche à nos deux nanas. Nous sommes donc montés dans deux chambres du petit hôtel au bord de la route. Cette nuit-là a été notre première nuit d'amour, à Régine et à moi, il y a maintenant cinquante-quatre ans. Une ou deux semaines après, avec Claude Pinoteau et sa jeune femme américaine, nous sommes montés tous ensemble sur la Zugspitze. Il existe encore une ou deux photos assez floues de cette journée quelque part dans notre grenier.

À ce moment de sa vie, Régine, alors anthroposophe comme ses parents, était traitée par des médecins appartenant à cette secte et qui pensaient qu'elle était atteinte d'une sclérose en plaques. Ce diagnostic contribuait, j'en ai peur, à la chaleur de nos ébats amoureux.

Mais revenons à *Lola Montès*. Le film commence par un long panoramique partant du haut des chandeliers jusqu'en bas d'une des quatre entrées du cirque, par laquelle l'écuyer apparaît pour présenter le spectacle. Il y a un panoramique de haut en bas suivi d'un long travelling arrière tandis que Peter Ustinov traverse tout le manège jusqu'à une autre sortie. Tout au long de son parcours, se trouvent de jeunes jongleuses exerçant leur métier et portant des masques de manière à ressembler à Lola.

Dans le panoramique du début, la caméra accrochait un orchestre de musiciens dirigé par un oncle Sam. Max Ophuls, installé dans son fauteuil, a soudain remarqué : « Mais ces musiciens sont maquillés en noir ! Dans le Sud des États-Unis, les esclaves n'avaient pas le droit de s'exhiber en public… » Catastrophe ! Que faire ? On ne pouvait pas laisser ces braves Bavarois, musiciens syndiqués, dans leur peau d'origine. Il fallait donc les remaquiller et mon père a dit : « Pourquoi pas en rouge ? » Ulli Pickardt, Claude Pinoteau, Tony Aboyantz et moi les avons donc renvoyés au maquillage. Lorsqu'ils sont redescendus, Max Ophuls avait changé d'idée. À présent, il fallait les maquiller en vert. Les musiciens syndiqués n'étaient pas heureux du tout, c'est le moins qu'on puisse dire ! Lorsqu'ils sont enfin redescendus, on était presque en fin de journée. Entre-temps, Georges Annenkov, le merveilleux couturier, tout petit et portant monocle, était en conférence avec mon papa, il lui expliquait qu'à cette époque les *Minstrel shows* existaient, précisément, pour remplacer les Noirs par des Blancs. Et comme toujours, jamais à court d'idées, Georges avait suggéré : « Pourquoi ne pas leur mettre des bas de Nylon sur la tête en laissant de la place pour leurs yeux et pour la bouche, afin de leur donner de grosses lèvres négroïdes ? » Aussitôt dit, aussitôt fait. Les musiciens ont donc été expédiés au maquillage une dernière fois. Le plan, enfin, a pu être tourné. Tard le soir, totalement épuisés et sans avoir dîné, nous avons pu rejoindre nos pénates.

Le week-end suivant, je suis allé voir mes parents à l'hôtel des Quatre Saisons et j'ai demandé à mon père ce qui avait bien pu lui traverser l'esprit à ce moment-là, puisqu'il avait accepté de tourner en vingt-quatre jours toute cette partie du film. Il m'a répondu : « J'ai promis de tourner le cirque en vingt-quatre jours, Zewen, et je le ferai. Mais aucun d'entre vous ne doit penser qu'il peut m'y aider. Je veux que l'on sache, dans cette équipe, que c'est moi le patron et que c'est moi qui porte cette responsabilité. »

Quinze jours plus tard, nous devions tourner face à une grande piscine installée dans le manège du cirque que Martine devait traverser en nageant de gauche à droite. En arrivant sur le plateau peu avant midi, Max Ophuls constate qu'on avait remplacé l'eau de la piscine par un bassin vide enrobé de tulle transparent évidemment pour des raisons d'économie. D'Eaubonne n'était plus sur le plateau parce qu'il était déjà reparti à Paris sur un autre tournage. C'est son chef décorateur allemand, Willy Schatz, un homme charmant et très talentueux, qui le représentait. Devant ce spectacle, mon père a piqué une crise de colère terrible. Il gueulait à travers tout le cirque et en allemand : « Willy, épouvantable nazi ! Sale con ! Je ne veux plus vous voir ici jusqu'à la fin du film[1]. » Trois jours après, timidement, Willy s'est aventuré dans le cirque, car il continuait à travailler pour le film. Il s'est arrêté trois mètres derrière Max Ophuls. Et mon père, soudain, s'est retourné vers lui et lui a lancé : « Ah, Willy, ce que je voulais vous dire[2]... »

Pour filmer le cirque en vingt-quatre jours, nous ne cessions de faire des heures supplémentaires. Dans un coin du manège, il y avait une jeune fille, une actrice, qui, presque tous les soirs, encore dans le costume de son personnage (elle jouait dans un film qui se tournait sur un plateau voisin) et pas démaquillée, venait regarder le maître travailler.

---

1. À ma connaissance, Willy n'a jamais été nazi.

2. Quelques semaines avant, nous tournions dans le Jardin anglais de Munich. La doublure de Martine Carol, à cheval, devait traverser les troupes bavaroises pour monter une petite colline où, tout en haut, Anton Werbrouck, le meneur de jeu de *La Ronde*, ici dans le rôle de Louis II de Bavière, passait ses troupes en revue. C'était compliqué et, là encore, Ophuls avait demandé quatre ou cinq prises. À un moment donné, il s'est retourné vers Pinoteau et lui a dit : « Ah, Claude, vous ne pouvez pas savoir à quel point c'est un plaisir pour moi de faire défiler les troupes allemandes devant la caméra. »

Pour ce faire, elle se plaçait dans la pénombre d'une des quatre sorties du cirque. Elle s'appelait Romy Schneider. C'est sans doute sa mère, Magda, qui lui avait conseillé d'aller regarder Max Ophuls tourner.

Les électros, tout en haut, dans les passerelles, suaient sang et eau car il y faisait entre quarante et quarante-cinq degrés. Un soir, le régisseur de plateau qui s'appelait Märkl, et qui avait été, lui, dans les Waffen SS, leur a lancé : « Allez les gars, restez où vous êtes et ce sera une bière pour chacun. » Sur quoi les électriciens ont immédiatement éteint les arcs et sont descendus le long de leurs échelles. Alors, Max Ophuls s'est levé de sa *director's chair* et s'est approché de l'électricien en chef pour lui parler très doucement à l'oreille. Nous ne savons pas ce qu'il lui a dit. Et je ne le sais toujours pas. Mais après une minute ou deux, tous les électros sont remontés et ont rallumé les arcs.

Nous avons terminé le tournage du cirque en vingt-quatre jours, à 4 heures du matin le vingt-cinquième jour. Il existe une photo très célèbre du dernier clap de *Lola Montès* avec toute l'équipe et les acteurs de la dernière scène dans la loge du directeur du cirque. Tout le monde, le grand directeur de la photographie Christian Matras, son cadreur Alain Douarinou ainsi que les autres membres de l'équipe, tous avec un sourire fatigué, regardent vers la caméra. Seule une scripte allemande, sans doute amoureuse de lui, regarde Max Ophuls. Et une seconde personne, qui n'est autre que son fils.

24

RETOUR EN ALLEMAGNE

> « Nous nous ressemblons, nous nous habillons de la même manière, chaque été nous allons à Baden-Baden… »
>
> Fred ASTAIRE dans *Tous en scène*

Comme j'étais jeune marié, et que ma première fille Catherine était dans son berceau, mon père nous avait trouvé une « reprise », un trois-pièces rue de Vouvray, à Levallois-Perret, au sixième étage sans ascenseur. De temps en temps, Max Ophuls venait nous rendre visite. Il montait les six étages en bondissant et une fois arrivé, il attendait que Régine et moi nous trouvions dans une autre pièce pour se pencher sur le berceau et faire « guili-guili » en secret à sa petite-fille[1].

Après la débâcle de *Lola Montès*, il n'était plus question pour le fils Ophuls de retrouver du travail dans le cinéma en France. Mes parents et moi le savions bien, pardi ! Pour faire bouillir la marmite, il me fallait de toute urgence trouver autre chose. Le grand Max avait réalisé pour la Sudwestfunk[2] (SWF) deux magistrales mises en ondes : *Berta Garlan*

1. Voir *L'Art d'être grand-père*, de Victor Hugo.
2. Fondée en 1946 comme radio pour la zone d'occupation française, la SWF devient le service de l'audiovisuel public dans le Bade-Wurtemberg.

de Schnitzler et *Novelle* de Goethe[1]. Aussi, toujours par piston, j'ai été embauché à la SWF, à Baden-Baden. J'y ai travaillé pendant trois ans. Au début, on m'avait installé dans un tout petit bureau dans un immeuble abritant la télévision allemande. À vrai dire, une simple baraque[2]. À gauche et à droite de mon petit bureau, siégeaient le Dr Biltz et le Dr Holdschmitt, mes supérieurs.

Ma toute première réalisation fut basée sur un scénario du Dr Holdschmitt, le *Chefdramaturg*, *Die Ballade vom Groschen*, tournée en 16 mm et en huit jours. Je n'en garde aucun souvenir. En revanche, je garde la mémoire de ma deuxième réalisation, dont j'étais l'auteur, *Standpunkte*, « Points de vue », d'après Alfred Polgar, célèbre critique de théâtre viennois qui avait été un ami de mes parents. La pièce racontait l'histoire d'un pianiste de bar qui, dans la pension de famille d'une station de ski, jouait encore et toujours les mêmes rengaines. Les danseurs, avec leurs lourdes bottes, évoluaient sur la piste au rythme de la chanson *Ain't She Sweet*, juste au-dessus de la chambre de sa femme, qui essayait de dormir. Pendant ce temps, on entendait aussi bien les pensées du pianiste que celles de son épouse, lesquelles ne concernaient que leurs soucis quotidiens. Où trouver du boulot ? Comment faire tourner le ménage ? Le

1. Elles sont toujours sur le marché, en CD.

2. Comme partout, la télévision n'en était qu'à ses débuts. La SWF faisait, et fait encore partie, de la première chaîne nationale. Elle se situe à Baden-Baden parce que c'était la capitale de la zone française après la guerre et que le Général tenait beaucoup à y diffuser sa conception de la France éternelle. C'est d'ailleurs aussi à Baden-Baden, ville d'eau prospère et paisible de la Forêt-Noire, que le même de Gaulle est venu se réfugier secrètement en mai 1968 lorsque les choses allaient mal pour lui, auprès du général Massu, auquel il avait dit en Algérie, quelques années auparavant, devant tous les journalistes : « Alors, Massu, toujours aussi con ? » Mais c'est Massu qui a eu le dernier mot. Il s'est mis au garde-à-vous, a salué et a lancé : « Pour vous servir, mon général. »

film faisait très exactement quinze minutes et je crois que c'était assez drôle et plutôt touchant.

Régine, Catherine et moi habitions en location à Stauffenberg, un village situé à dix kilomètres de Baden-Baden, connu en Allemagne pour sa culture des fraises. Le propriétaire, Herr Kunzman, était un excellent charcutier. C'est à Baden-Baden que notre deuxième fille, Danielle, est venue au monde[1].

Entre-temps, sur les conseils de mon papa, j'avais pu quitter la baraque du Dr Biltz pour m'installer dans un très beau bureau lumineux avec vue imprenable sur la Forêt-Noire, grâce à Gerd Westphal, le chef des mises en ondes dramatiques. C'est lui qui avait permis à Max Ophuls de réaliser deux superbes mises en ondes. Il vénérait mon père et le vénère peut-être encore. Grâce à lui, en trois ans j'ai pu réaliser quatorze mises en ondes avec les plus grands acteurs de l'époque. Les comédiens et les comédiennes ainsi que les auteurs adoraient venir à la Sudwestfunk parce que la région était *gemütlich*, qu'on y mangeait bien et qu'on ne travaillait pas trop vite[2].

En mars 1957, Max Ophuls agonisait dans le plus grand hôpital de Hambourg. Je ne le savais pas, car mes parents n'avaient pas voulu me parler de la gravité de sa maladie. Un matin, Gerd Westphal m'invita à passer le voir dans

1. Nommée ainsi en l'honneur de Danielle Darrieux. Notre troisième fille, née plus tard à Fontainebleau, a été nommée Jeanne en l'honneur de Jeanne Moreau. Mais, il faut bien le dire, Jeanne Moreau s'en fout.

2. C'est là que j'ai rencontré Günter Grass. Il était jeune et encore enthousiaste. À la cantine, pendant un déjeuner en tête à tête, il m'a expliqué qu'il ne fallait jamais, dans un potager, arracher les mauvaises herbes en faveur des légumes parce que ces herbes, quoique mauvaises, avaient, elles aussi, droit à la vie. Maintenant que nous savons que le grand écrivain, à dix-sept ans, s'était porté volontaire dans la Wafen SS, on comprend peut-être mieux ses propos.

son bureau. Il était pâle et abattu. C'était pour m'annoncer que mon père était mort dans la nuit. Régine n'était pas à Stauffenberg ce jour-là car elle cherchait du travail chez des fabricants de porcelaine en Basse-Bavière. Je sautai dans le premier avion pour Hambourg. Je suis arrivé en début d'après-midi. Je n'avais pleuré ni dans le bureau de Westphal ni pendant le voyage. C'est en apercevant, à la morgue de l'hôpital, le cadavre de Max Ophuls, qui était devenu tout petit et maigre, que je me suis effondré à genoux, la tête sur son corps[1].

Pendant les dernières semaines de sa vie, ma mère n'avait pas quitté son chevet. Sur la scène du plus grand théâtre de Hambourg se jouait, à guichet fermé, la dernière mise en scène de mon père : *Le Mariage de Figaro ou la Folle Journée* de Beaumarchais, cette superbe comédie révolutionnaire. Le soir de la première, alors que mon père était déjà à l'hôpital, il y eut quarante-neuf rappels. Au cinquantième rappel, le directeur du théâtre, *der Intendant* Gustaf Gründgens, avait fait descendre le rideau de fer, par pure jalousie[2].

Le lendemain matin, à l'hôtel Atlantik, les premiers télégrammes de condoléances de France et d'ailleurs sont arrivés. Le tout premier, parti de Paris, portait les signatures de Simone Signoret et d'Yves Montand. Pourtant, Yves Montand savait bien qu'il avait été évincé en faveur de Gérard Philipe pour le rôle de Modigliani, dans le film réalisé ensuite selon les vœux de mon père par Jacques Becker.

Dans le même temps, il fallait bien organiser les funérailles de Max Ophuls qui, comme il l'avait désiré, devait

1. Mon père est mort d'une maladie cardiaque rare et extrêmement douloureuse, incurable à l'époque mais guérissable de nos jours : la fièvre rhumatismale.

2. En 1932, Gründgens joua le baron Eggersdorf dans *Liebelei*. Un an auparavant, il avait été une des vedettes de *M le Maudit* de Fritz Lang.

être incinéré. Sans doute par courtoisie, peut-être aussi par admiration, maman a voulu que ce soit Gründgens qui prononce l'oraison funèbre. Je ne le désirais pas – j'aurais voulu que ce soit Fritz Kortner – mais dans un tel moment de la vie, on ne cherche pas, je pense, à discuter longuement. Ce fut donc dans le froid et sous la pluie que Gründgens a prononcé son discours, qui était froid, distancié et sans aucun intérêt.

Régine avait eu le temps de nous rejoindre. Comme dans toutes ces sinistres cérémonies, la famille attend que l'on vienne lui serrer la pince. Pour quoi faire ? À vrai dire je n'en sais rien.

Quand ce fut terminé, Walther Schleiermacher, le père de Jan et de Detten, qui avait été directeur général de Siemens pendant la guerre, nous a dit : « Allez, venez, je vous emmène déjeuner dans le meilleur restaurant de poissons de toute la ville. » Et je me souviens du fait que maman et moi avons dégusté nos huîtres et notre sole meunière avec le plus grand appétit.

Je voulais à tout prix rapatrier les cendres de Max Ophuls au Père-Lachaise et dans la même journée. Le grand Henri Jeanson, avant de travailler avec mon papa, le détestait[1]. Mais au bout de trois semaines de travail ensemble sur *Modigliani*, les deux hommes étaient tombés dans les bras l'un de l'autre. C'est donc à Jeanson que j'ai demandé de dire quelques mots devant l'urne au crématorium, ce qu'il a fait[2].

---

1. Et vice versa. Max n'aimait pas les mots d'auteur comme, par exemple, « Atmosphère, atmosphère ».

2. Le discours, bien entendu, est déposé dans les archives de la Cinémathèque française. Il commençait par ces paroles : « Max, on vous aimait bien. » Mais qui donc était visé par ce « on » ? La France, voyons. Et à partir de ce début, Jeanson n'a plus fait que raconter des anecdotes au sujet de son nouvel ami. C'était à la fois très drôle et très émouvant. Ce ne devait pas être facile pour Jeanson car il était le meilleur ami de Louis Jouvet. Avant

Dans la file d'attente des personnes venues consoler la veuve et l'orphelin, il y avait François Truffaut et sa femme Madeleine, juste derrière Claude Autant-Lara et sa femme. Il était à l'époque chef du syndicat des techniciens et il a terminé sa vie politique au Front national. Truffaut et Autant-Lara se détestaient.

Ayant accompli mes devoirs de fils unique, je suis rentré à Baden-Baden avec Régine et, le deuil étant terminé, la vie normale a repris son cours. Sur ma propre initiative, j'ai voulu assurer l'adaptation télévisuelle d'une comédie de Marcel Achard, le dialoguiste de *Madame de...* La pièce, *Voulez-vous jouer avec Moa ?*, se passe dans un tout petit cirque. Je n'avais jamais lu ni vu la pièce à Paris et, pendant les premières répétitions, je me suis aperçu que je ne la comprenais pas. La pièce se jouait dans un tout petit manège rond. J'avais fait des efforts pour la comprendre, mais il fallait diriger trois caméras électroniques, lourdes, avec de grands câbles et veiller à ce qu'ils ne se croisent pas. À l'époque, c'était pour moi une mission impossible. Au bout de trois jours, les trois célèbres vedettes engagées pour jouer ont jeté l'éponge. À la suite de quoi, ma dignité personnelle a voulu que je démissionne de la télévision allemande.

Avoir été le fils d'un génie – de ce génie-là, Max Ophuls – c'est merveilleux, c'est le bonheur total, c'est un privilège énorme. Mais, parce que les fantasmes aussi font partie de la vie, je me demande quelquefois si mon père n'a pas passé

---

guerre, il avait habité un certain temps au 10, rue Ernest-Deloison. Un jour, il a envoyé sa secrétaire au sixième étage pour annoncer à mon papa que sa machine à écrire était en panne, et a fait demander s'il pouvait emprunter celle de Max Ophuls pendant quelques jours. Une semaine après, la secrétaire est remontée pour lui restituer la machine. Il y avait un petit mot accroché dessus : « Cher Ophuls, merci pour la machine. Avec une aussi bonne machine à écrire, je me demande pourquoi vous faites de si mauvais films. »

comme Faust un accord avec le diable. Est-ce qu'il n'a pas demandé à Mephisto : « Donnez-moi tous les bonheurs et une vie courte, et je vous laisse mon fils ? » Mon père est mort à cinquante-quatre ans – comme François Truffaut, comme Lubitsch – et moi je viens d'avoir quatre-vingt-six ans, c'est quand même pas normal !

25

RETOUR À PARIS

« Promettez-moi, Marcel, d'écrire vos Mémoires. »
François TRUFFAUT

Avec Régine et nos deux filles, nous sommes donc rentrés en France, et plus précisément à Neuilly-sur-Seine, au 10, rue Ernest-Deloison. Maman, comme elle l'a fait si souvent par la suite, m'a prêté ce qui était en fait son appartement[1]. De Neuilly, presque tous les jours, j'allais chercher du boulot sur les Champs-Élysées.

François Truffaut venait de remporter le Prix de la mise en scène à Cannes. Tous les jours, à l'heure du déjeuner, au coin de la rue Lincoln et des Champs-Élysées, il bavardait avec son entourage. Je n'osais pas l'aborder car je pensais qu'il ne se souvenait sans doute pas de notre première rencontre. C'était quatre ans auparavant, toujours à Neuilly. Jacques Rivette et lui, au moment de la sortie de *Madame de…*, pour les *Cahiers du Cinéma*. Ils s'étaient pointés avec un Grundig pour enregistrer un entretien avec mon père. Ce dernier, avec qui j'étais alors brouillé, m'a téléphoné à

1. À sa mort, Max Ophuls, sur les mauvais conseils de son expert fiscal, avait laissé trois ans de dettes au fisc. Le Trésor public est tout de suite tombé sur ma mère et sur moi pour que nous remboursions. Il a fallu vendre la villa de Chevreuse ainsi que la belle Mercedes décapotable.

Montmartre : « Zewen, tu n'es pas rancunier, j'espère ? » Je lui avais alors répondu : « Ça dépend, papa. Il s'agit de quoi ? » Et il m'avait dit : « Il y a deux jeunes intellos qui veulent faire une interview avec moi et je ne comprends absolument pas ce qu'ils cherchent à me dire. Viens à Neuilly samedi, pour traduire. » Et puis il s'était penché vers sa secrétaire particulière et avait demandé : « Ulla, comment s'appellent-ils, ces deux jeunes types ? » Et j'ai entendu Ulla répondre : « Jacques Rivette et François Truffaut. » Max Ophuls m'a demandé : « Tu les connais ? » Je lui ai dit : « Pas personnellement. Mais ils sont connus. » Dès leur arrivée, il s'est passé quelque chose de très mystérieux entre Max Ophuls et le jeune Truffaut. C'est comme s'ils s'étaient reconnus... Il n'y avait aucun besoin de traduire quoi que ce soit. Tout ce que j'avais à faire, c'était de m'asseoir dans un fauteuil Louis XV et de les écouter. À la fin de cet entretien, Jacques et François ont constaté que le Grundig n'avait rien enregistré du tout. Il a donc fallu qu'ils reviennent.

Quatre ans plus tard, chaque fois que je rentrais chez moi, Régine me demandait : « Alors, tu as parlé à François Truffaut ? » Comme nous étions une fois de plus totalement fauchés, la cinquième fois, j'ai pris mon courage à deux mains et je me suis présenté à lui : « Je ne sais pas si vous vous souvenez de moi. Je m'appelle Marcel Ophuls. » Depuis ce moment et jusqu'à la fin de sa courte vie, François est devenu non seulement mon meilleur ami, mais aussi comme mon grand frère bien qu'il fût plus jeune que moi, et mon protecteur. C'est pour moi que François a tourné et produit *L'Amour à vingt ans*. C'est grâce à lui que j'ai rencontré Jeanne Moreau. C'est donc aussi grâce à lui que j'ai pu tourner mon premier long-métrage, *Peau de banane*. C'est lui qui a sauvé *Le Chagrin et la Pitié* et permis, au moment de l'interdiction d'antenne qui a duré douze ans, de le faire sortir en salle.

C'est à cette époque que j'ai pu tourner mon premier court-métrage, qui m'a été proposé par Henry Deutschmeister, ce producteur juif qui avait produit *Madame de...*, *La Traversée de Paris* et pour qui Max Ophuls devait mettre en scène le film sur Modigliani[1]. « Deutsch » avait passé un accord avec la télé américaine pour produire une série de films sur les grands peintres. Il m'a proposé de réaliser le pilote. Je lui ai demandé ce qu'il fallait mettre sur l'écran : « Des peintures, monsieur Deutschmeister ? » Et il a répondu : « Vous plaisantez ? L'homme du Texas ne veut pas voir de peintures. Il ne veut voir que des peintres qui souffrent. » Alors je lui ai demandé : « Des acteurs, alors ? » Il a répondu : « Vous rigolez, Ophuls ? Je n'en ai pas les moyens. Si nécessaire, allez voir ceux qui portent de grands chapeaux aux bateaux-lavoirs. Ça, c'est votre affaire. L'homme du Texas s'en fout. Le principal, pour lui, c'est de pouvoir contempler la vie des grands artistes qui souffrent. » Je suis sorti de cette entrevue un peu songeur et j'ai traversé les Champs-Élysées pour aller demander conseil aux Films du Carrosse à mon nouvel ami, François Truffaut. Je lui ai expliqué qu'à mon avis il fallait trouver un peintre français qui avait mené une vie heureuse. Et je lui ai dit : « Auguste Renoir, c'est déjà fait. Qui d'autre ? » François, après une courte hésitation, m'a répondu : « Matisse ? » J'ai donc réalisé *Matisse ou le Talent du bonheur* en 16 mm couleurs, avec quelques originaux de Matisse, et beaucoup de reproductions dont les originaux se trouvaient encore soit

1. C'est lui qui avait dit à propos de mon père : « Il ne faut pas prendre Ophuls quand il a tourné un succès car alors on ne peut plus le tenir. Il faut lui offrir un nouveau film quand il a fait un bide. »